儿童哲学视域下的小学语文教育

赖艳梅 著

厦门大学出版社

国家一级出版社
全国百佳图书出版单位

图书在版编目（CIP）数据

儿童哲学视域下的小学语文教育 / 赖艳梅著. -- 厦
门：厦门大学出版社，2022.8
ISBN 978-7-5615-8681-5

Ⅰ.①儿… Ⅱ.①赖… Ⅲ.①小学语文课－教学研究
Ⅳ.①G623.202

中国版本图书馆CIP数据核字(2022)第129808号

出 版 人	郑文礼
责任编辑	郑 丹

出版发行	厦门大学出版社
社 　　址	厦门市软件园二期望海路 39 号
邮政编码	361008
总 　　机	0592-2181111　0592-2181406(传真)
营销中心	0592-2184458　0592-2181365
网 　　址	http://www.xmupress.com
邮 　　箱	xmup@xmupress.com
印 　　刷	厦门兴立通印刷设计有限公司

开本	787 mm×1 092 mm　1/16
印张	9.5
插页	2
字数	205 千字
版次	2022 年 8 月第 1 版
印次	2022 年 8 月第 1 次印刷
定价	45.00 元

厦门大学出版社
微信二维码

厦门大学出版社
微博二维码

序

　　儿童哲学是什么？儿童哲学如何促进儿童智慧成长？这是很多人的疑问，也是许多探索以儿童哲学促进学生发展的学校的老师、家长初期都会提出来的问题。

　　20世纪中后期，美国著名哲学家李普曼提出了"儿童哲学"的概念，他把儿童哲学定义为：一种运用到教育中，目的在于培养具有高水平的、熟练的推理和判断能力的学生的哲学。它是一种应用哲学，它的目的是使儿童"哲学化"，使儿童学会像哲学家那样思考，使儿童从日常思维转为反思性思维，从不假思索转向深思熟虑，从常规思维转向批判性思维。英国、德国、日本等国也就儿童哲学教育开展了许多实践和探索。虽然国内尝试开展儿童哲学教育正在为越来越多的人接受，但真正在中小学实施儿童哲学教育还为数不多。而且国内的儿童哲学教育研究仅限定在单一学科领域的研究，仅将哲学运用到某一学科的领域中进行思维能力训练，没有全员参与，没有进行多学科的渗透。

　　泉州丰泽区第二实验小学赖艳梅校长勇于创新，大胆实践。2014年春，丰泽第二实验小学聘请张荣伟教授为学校科研顾问，邀请杭州师范大学高振宇博士、中国儿童哲学中心国际部主任冷璐教授在福建省内率先将"儿童哲学"引进课堂，开始儿童哲学的研究之旅。当时，我作为福建省教育科学研究所基础教育研究室主任，也是"福建省教育科研基地"丰泽科研基地的联系人和管理负责人，受赖校长邀请加入相关课题研究指导团队。赖校长带领学校老师先后申请立项了福建省教育科学规划课题（2015年）"多学科视野下的儿童哲学研究"和全国教育科学规划课题（2017年）"小学多学科渗透儿童哲学教育的行动研究"。我全程参与了该项课题的研究指导，深刻体会到了赖校长和她的团队老师执着的研究、艰难的探索以及取得的成绩。他们以福建省首个"儿童哲学教育研究基地"为阵地，开展多学科渗透儿童哲学教育研究，尝试达到学科教学的融合；以儿童哲学教育实践为学校教改主线，统领各学科教学改革，将学科知识与儿童哲学紧密结合，构建独特的"思"文化特色课堂；聚焦学生核心素养发展，呵护学生哲学天性，润泽生命，以"和而不同，美美与共"的教育哲学引领学校的发展，推动学校整体变革。

　　我们都说，哲学使人智慧，毫不夸张地说，丰泽第二实验小学亮丽的办学成绩、优秀的教师队伍、特色的学校文化，都与学校力推教师学习、研究儿童哲学，推广应用儿童哲学理念的学科渗透有密切的关系。赖校长更是身体力行，带头深入学习儿童哲学、研究基于哲学思维的学校管理，创生"和美"校园文化，建构"和美"管理文化，锻造"和美"师生文化；研究儿童哲学的学科渗透，带领团队提炼了儿童哲学全学科渗透教学的基本模式：感知—产生问题—分析探究—提升转化；质疑—澄清概念—反省—拓展延伸；并在此基础上归纳提升，形成"十步"教学基本步骤。

　　作为语文教师，赖校长特别聚焦语文学科，探索小学语文学科渗透儿童哲学教育，拓宽语文学科教学的深度、广度和效度。探索儿童哲学教育与小学语文学科相融合的有效策略。我多次认真观察赖校长的语文公开课，有丰泽区的、泉州市的，也有省级的，她很好地将儿童哲学强调的对儿童思维的培养渗透到了语文教学中，让我感受到了她的语文课引导学生形成以辩证思维为核心的创新思维的努力与效果。因此，看到赖校长这本《儿童哲学视域下的小学语文教育》，我很是欣喜。

该书以小学语文学科为背景，将儿童哲学的学科渗透经验进行了体系化梳理。首先，该书从哲学的本义及现代意义出发，阐释了儿童哲学的内涵，进而解析了小学语文教育渗透儿童哲学的意义；接着，从儿童哲学视角下落实核心素养的目标体系出发，进行儿童哲学视域下小学语文各年级落实核心素养的目标分解；最后，基于校本的"和思"课堂的主题式项目研究性学习课程的课型、组织形式与实践方式，思考语文教育的本质，探索儿童哲学的实践温度。

该书具体阐释了小学语文的儿童哲学学科渗透路径，具有很强的实践指导性。该书从"儿童哲学视域下的小学语文内容教学""儿童哲学视域下的小学语文教学策略""儿童哲学视域下小学语文教育的教学设计"三个维度梳理总结了小学语文学科渗透儿童哲学的路径，并提炼了"亲子阅读与儿童哲学教育的案例"，为一线教师学习儿童哲学、落实儿童哲学教育于校园、于课堂、于处理师生关系，都提供了可模仿可操作模式，也提升了本书的可读性。

儿童哲学的学习除了课堂、校园，还应该有家庭。本书还给出了多个亲子阅读案例，提供了亲子共读方案供读者参考。可见，赖校长的团队非常重视发挥家校协同共育作用，在教育部规划课题的成果展示中，我就看到了亲子阅读儿童哲学故事的精彩展示，这种活动应该是家校协同活动的创新形式。在"双减"政策实施一年多的今天，我们可以深刻感受到只有家校协同才能真正落实学生的"减负"目标。而"双减"后学生课余时间应该做什么？多样态的课外阅读是最好的活动项目之一，其中，亲子阅读是最好的促进亲子关系、提升儿童学习能力和社会情感能力的方法。赖校长提倡的亲子共读儿童哲学相关图书，当能更好发挥家校协同促进儿童智慧发展的作用。

希望赖艳梅校长和她的团队能在已有研究基础上更深入探索适合的儿童哲学学科渗透路径，取得更多教学创新。

研究员

福建省教育科学研究所基础教育研究室主任

福建省陶行知研究会副会长

2022 年 7 月

目 录
Contents

第一章　儿童哲学视域下小学语文教育的研究概述 / 1

第一节　研究缘起：和润生命，美泽人生 / 1

第二节　研究基础：儿童哲学内涵和研究现状 / 3

第三节　研究价值：儿童哲学在小学语文教育中的意义与价值 / 8

第四节　研究图景：儿童哲学视角下落实核心素养的目标体系 / 12

第五节　研究路径：探索，从思考开始 / 27

第六节　研究成效：儿童哲学理念在小学语文教育中绽放 / 39

第二章　儿童哲学视域下小学语文教育的基本理念 / 42

第一节　教学模式：让语文课有点哲学味 / 42

第二节　懂点哲学：做幸福的教师 / 48

第三节　学会思考：培养会思考的哲童 / 53

第三章　儿童哲学视域下的小学语文内容教学 / 56

第一节　识字与写字：儿童哲学让汉字课堂焕发新光彩 / 56

第二节　阅读与鉴赏：儿童哲学让小学语文"悦"读 / 61

第三节　表达与交流：儿童哲学助力习作教学 / 73

第四节　梳理与探究：儿童哲学视域下小学语文实践性作业设计 / 78

第四章　儿童哲学视域下的小学语文教学策略 / 84

第一节　比较：在语文教学中对比异同的应用 / 84

第二节　思维：论语文教育中儿童思维的培养策略 / 88

第三节　创新:在阅读教学中培养学生的创新意识 / 90

第四节　工具:语文教学中应用多媒体技术的探索 / 92

第五节　拓展:儿童哲学视角下的阅读教学 / 95

第五章　儿童哲学视域下小学语文教育的教学设计 / 97

第一节　智慧:《晏子使楚》教学设计 / 97

第二节　视野:《井底之蛙》教学设计 / 100

第三节　角度:《画杨桃》教学设计 / 104

第四节　溯源:《想飞的乌龟》识字教学设计 / 107

第五节　推理:《惊弓之鸟》教学设计 / 111

第六节　判断:《王戎不取道旁李》教学设计 / 115

第七节　类比:《杨氏之子》教学设计 / 119

第八节　赏析:《墨梅图题诗》教学设计 / 122

附录　亲子阅读与儿童哲学教育的案例 / 127

附录一　朗读:亲子阅读《狐狸的钱袋》/ 127

附录二　分享:亲子阅读的遇见——《佐贺的超级阿嬷》/ 130

附录三　交流:畅游书海,亲子共读交流会 / 132

附录四　亲子阅读:为孩子插上哲学智慧的翅膀 / 136

附录五　共读:儿童哲学图书《一定要告诉儿子的那些事》/ 140

参考文献 / 143

后　记 / 144

第一章

儿童哲学视域下小学语文教育的研究概述

第一节　研究缘起:和润生命,美泽人生

学校文化是学校生活中普遍存在的比较稳定的思想意识、思维方式、行为方式和生活态度的总和,它包括物质文化、行为文化、制度文化和精神文化[①]。学校文化是内隐在学校教育理念、教育行为方式、学校内部制度和教育环境等因素中的价值取向,其核心是学校作为一种有活力的组织,其内在的"人文系统",对校园、管理、师生等学校各领域和对象都有积极的影响。在哲学的视野中,校园文化具有主体性的特征,是人对文化的能动和创造,也具有理性特征和价值观特征。文化的功能就是陶冶人、变化人。校园文化与哲学有着密切的关系,学校生活需要哲学意境,我们要让哲学与文化引领学校生活的变革。因此,学校也将从这些领域入手,着力打造具有影响力的学校文化。

一、创生"和美"校园文化

校园文化是学校文化的有机组成部分,它反映出一所学校的校风校貌,传递着一所学校的教育理念和办学思想,诠释着师生的价值观与审美标准;它是关乎校园内每一个人的大事情,是学校物质文化的集中反映。创生"和美"校园文化只有人人献计献策,方能求得最大公约数,得到每个人的认可,影响每一位师生的言行。为此,泉州市丰泽区第二实验小学(以下简称"丰泽二实小")在"和美"校园文化特色建设上,紧紧抓住"和美"要义,从"和而不同"的辩证原则出发,围绕校训、三风、校徽、校标、校歌等要素,先后开展了

---

① 沈曙虹.办学理念策划十讲[M].上海:华东师范大学出版社,2019:19.

"我与学校同发展""我给'和美'文化寻找素材"等征集与评比活动,在此基础上进行汇总、讨论、整合、提升,最终提炼出校训、校风、教风、学风、校标、校徽、校旗、校歌的"和美"内涵,并以此规划了学校发展愿景,举办了"和美"文化节,构建"和美"文化长廊与文化墙,设计校徽、校牌、校标、校旗、校园主题色、校服、校歌、校刊、画册、贺卡、吉祥物与班级图腾等。这个过程融入了每一位师生的心血与智慧,全校每一位师生都是它的创作者:因为里面有你的油,有他的面,有你的糖,有他的盐,自然也就成为全体师生普遍认同的文化观、价值观和生活观,时刻激励每一个人与"和"相伴、与"美"相随,和和美美、美美与共。

二、建构"和美"管理文化

管理文化也是学校文化的重要组成部分,它不仅时刻影响着学校中的每一个人对教育的看法、理解与价值追求,而且直接影响着教育者的教育行为方式与生活态度。丰泽二实小推行"高品位决策、低重心运行、近距离服务"的管理模式,发动全校教职工开展"我给学校和美管理提几条建议"活动,在此基础上重建了一系列"和美"教育管理制度,提炼出"三自"和美管理模式,即"自主"——学校的制度大家定,大家的事情大家定;"自觉"——大家定的事情大家做,大家定的规矩大家遵守;"自在"——自己定的事情自己做。由于管理制度均出自全体教师,学校的"和美"管理文化自然就有了普遍的认同感、约束力与向心力,体现了学校管理的"和美"境界。

三、锻造"和美"师生文化

从学校文化的主体看,"和美"校园文化不仅包括管理者文化,还包括教师文化和学生文化。当学校文化中的教育理念、行为、制度与环境真正进入校园生活的方方面面时,学校文化才具有真正的意义。因此,依托"一训三风"在师生心灵深处烙上"和美"品行与内涵,是学校打造"和美"教育特色的关键。

(一)成就"和美"教师

为将"和美"符号和内涵融入教师心中,我们积极倡导"和美教师"的三重境界——和美良师、和美能师、和美名师,力求使每位教师都能成为"亲和善诱,美人美己"的标杆与化身,实现联合国教科文组织在《学会生存》中指出的"教育的目的在于使人成为他自己"这一要求。为此,丰泽二实小采取了以下三项措施:一是搭建"和美讲坛",使成熟起来的教师拥有更多的话语权;二是创建"推介平台",使成长起来的教师拥有外出执教与讲学的机会;三是鼓励"抱团成长",成立名师工作室,如李冬梅区名师工作室,林琳老师主持的市少先队名师工作室,使专家型教师成为有广泛影响的知名教师。目前,丰泽二实小已经形成了"特级教师与名师、学科带头人与优秀教师、骨干教师"三支梯队。其中,特级教师 3 人，省、市、区骨干教师共 57 名，骨干教师比例达 57.89％；省市级骨干 39 名，省学科带头人 3 名，泉州市名校长、名师 5 名，泉州市学科带头人 11 名。一支"雁阵型"和美教师梯队已经形成。

(二)塑造"和美"学生

丰泽二实小的教师团队一直在思考，我们的小学生将来能成为一个怎样的人？我想，他们应该是具有强健的身体、健康的心理、高尚的品格且有探究与创新能力的人。基于这样的思考，丰泽二实小致力于将每一位学生塑造成全面和谐发展、具有"和美"特质的少年。他们身上要具备六点特质，即学校师生在意识形态、行为表现上应努力达到的六种优良品质，包括：思想和德、身体和健、行为和雅、语言和美、心理和生、情感和融。通过"和美"星级学生的评选和"和美"德育活动的开展，把"和美文化"的内涵体现在学生的综合素质发展和生长需要上，如"体育之星""艺术之星""礼仪之星""学习之星""阅读之星""科技之星"的评选，每年的校园"体育节""艺术节""科技节""英语节""读书节"五大活动的开展，让学生在活动中和容发展，从"个体之和"到"与人之和"，再到"与群体之和"，最终在"人和"中达成美由心生的教育气象。

"和美"校园、"和美"管理、"和美"师生文化创建的过程，真正让师生感受到了"和而不同"的辩证哲学的内涵，为学校开展儿童哲学研究，营造了"和美"学校文化的熏陶氛围，为探索学校办学深层内涵提供了契机。2014 年底，丰泽二实小与福建师范大学教育学部张荣伟教授带领的教授服务团结缘，确立了以"儿童哲学"为课题开展学校课程改革实验的构想。丰泽二实小依托福建师范大学的科研平台，以构建"和美课堂"为理念，打造"思"文化的智慧课堂特色品牌。但是对儿童哲学，我们并无深刻的认知，也没有多少相关课题，这样摸着石头过河的确很难。"小学生怎么学哲学？""连老师都不怎么懂的哲学怎么教给孩子？""学了儿童哲学就能提高学生成绩吗？""开展这项课题研究意义何在，有多大作用？"……我们顶着种种困惑、质疑，开始了儿童哲学探索之路。

随着儿童哲学在丰泽二实小各学科、各领域的实践，"和"之"和而不同"所体现的面对矛盾、差异等教育的基本现状，成了学校办学的基本前提；"美"之"美美与共"则成为学校办学追求的最高目标，学校的"和美文化"和儿童哲学的实践相得益彰。

第二节　研究基础：儿童哲学内涵和研究现状

20 世纪中后期，美国学校教育出现了一系列的问题和困境，美国社会开始重视"批判性思维"(critical thinking)和"非形式逻辑"(informal logic)。1969 年，美国新泽西蒙特克莱尔州立大学教授马修·李普曼(Matthew Lipman)的第一部儿童哲理小说《聪聪的发现》发表,标志着儿童哲学正式成为一门独立的学科。美国、英国、法国等国家纷纷开展儿童哲学的理论与实践研究,国际儿童哲学委员会(ICPIC)每两年会在不同的国家举办国际会议。

一、什么是儿童哲学

(一)哲学的本义及现代意义

从"哲学"一词的来源看,古希腊时期,"哲学"的含义为"爱智慧",即人类为了提高认知能力和思维能力,为了更有智慧而进行的思想认识活动。

现代哲学,是指对基本和普遍问题的研究,研究宇宙的性质、宇宙内万事万物演化的总规律、人在宇宙中的位置等一系列基本的问题。它是自然知识和社会知识的概括和总结。哲学就是元知识、元理学,是所有学科的起点,用于阐释世界或指导实践。

(二)儿童哲学的起源

儿童哲学始于儿童的好奇心。柏拉图曾说:"惊奇是哲人的感受,哲学始于惊奇。"[①]儿童对世界充满好奇,又常常惊奇于自己的各种发现,对身边的食物产生惊奇的感受。按照逻辑分析,如果惊奇是哲人的感受,那么儿童就有哲人的感受,哲学始于儿童的感受。

(三)儿童哲学的内涵

儿童哲学是新兴学术领域,发展至今已有50多年,目前正在世界各地蓬勃发展。

1969年,李普曼发表了他的第一部儿童哲理小说《聪聪的发现》。这部令人耳目一新的儿童哲理小说标志着儿童哲学的诞生,李普曼因此被誉为"儿童哲学之父"。

1974年,新泽西蒙特克莱尔州立学院成立了儿童哲学促进中心,简称 IAPC(the institute for the advancement of philosophy for children),由李普曼教授和夏普教授主持。李普曼倡导的儿童哲学课程是一套实践性训练课程,该课程设计并制订了儿童哲学计划,编制从学龄前到高三的整个基础教育阶段的儿童哲学教材,并专门撰写了7部儿童哲学小说,以有角色、有剧情的对话,表达、启迪儿童的推理。每一部教材都配备了教师手册,手册中标示教材内所蕴含的主要概念,并设计了各种活动、游戏和讨论计划,用以练习操作所获得的概念和思考技巧。

1983年4月,美国高质量教育委员会发表《国家处在危险之中:教育改革势在必行》

---

① 施特劳斯.论柏拉图的《会饮》[M].邱立波,译.北京:华夏出版社,2012.

重要报告,客观地反映了美国社会对教育、对国家前途命运的担忧和迫切的教育改革愿望。在这一背景下,儿童哲学在美国得以迅速发展。目前,儿童哲学教育正在世界范围内被越来越多的国家所采用。国际儿童哲学委员会(ICPIC)每两年会在不同的国家举办国际会议分享研究及教学经验。

2018 年 8 月 13—20 日,世界哲学大会在北京举办,由北京大学组委会承办第 24 届世界哲学大会,主题为"学以成人",着重开拓人的多重维度,并探究人类面临的各种挑战。大会开设了"儿童哲学"和"哲学教育"专场专题演讲和圆桌会议,并开展国际交流与合作。儿童哲学在成立之初,是一种应用哲学,主要以形式逻辑作为促进哲学思维的手段,它的研究目的是使儿童"哲学化",使儿童学会像哲学家那样思考,从日常思维转为反思性思维,从不假思索转向深思熟虑,从常规思维转向批判性思维。[①]

李普曼教授把儿童哲学定义为一种运用到教育中的,目的在于培养具有高水平的熟练的推理和判断能力的学生的哲学。简单地说,儿童哲学是一门与儿童的思考密切相关的学科。它以儿童喜闻乐见的、富含哲理的故事为载体,结合儿童心理、认知、发展的实际,运用故事中蕴含的各种思维方法,引导儿童自己思考、说自己想说的话,满足他们的好奇心和刨根问底的求知欲,激发他们潜在的探索精神,让儿童"习真习善习美""知真知善知美",使儿童"人之初"的原始思维与哲学思维自然耦合,把他们潜在的思维能力引导到以辩证思维为核心的创新思维方向。同时,培养他们学习运用判断进行推理、辨明是非的能力,让他们懂得做人的道理,为今后成为具有社会责任感、创新精神和实践能力的时代新人奠定最初的世界观和方法论基础。

(四)儿童哲学的外延

儿童哲学就其广义上说,并不只是指李普曼所发起的儿童哲学探究计划。我国学者刘晓东指出,作为一个学科,"儿童哲学"包括"儿童的哲学"、"童年哲学"和儿童哲学探究计划三重意义指向。一是"儿童的哲学",即人们对儿童的总体认识,也就是教育基本理论中的所谓"儿童观",其核心问题是成人"怎么看待儿童""怎么和儿童打交道";二是"童年哲学",指儿童所特有的世界观和方法论,其核心问题是儿童"怎么看待世界""怎么和世界打交道";三是"为了儿童的哲学",即教儿童学哲学——儿童哲学教育,其根本目的在于教会儿童认识世界和独立思考。

(五)儿童哲学教育

儿童哲学教育以儿童的身心特点为基础,根据儿童心理发展的内在规律和不同阶

---

① 孙琪.李普曼儿童哲学教材对话自我的建构[D].长春:东北师范大学,2017.

段的认知能力,带领儿童去关注身边的哲学,以师生间的平等"对话"进行教学活动,对儿童进行多角度的思维能力训练,从而开掘儿童的创造性思维能力,培养儿童的逻辑思维能力与认知能力。

我们反观教育的本质:教育乃事关灵魂之事,教育学的第一原理就是面向灵魂的完善,教育不仅要授受知识、方法和技能,更应该启迪智慧、润泽生命。然而,现代教育有工具化、功利化和异化的倾向。因此,以哲学方式进行教育才是当前教育的合理形式。儿童哲学教育必须从一开始就引导儿童学习如何感知世界,在成长中迈向理智的健康与成熟。

二、儿童哲学研究评述

(一)国外研究现状评述

"儿童哲学"最初在著名的实用主义哲学家约翰·杜威(John Dewey)的著作《我们如何思维》(*How We Think*)中有所体现,但当时杜威并没有提出"儿童哲学"的概念,也没有对其进行专门研究。

20世纪中后期,美国学校教育出现了一系列的问题和困境,美国社会开始重视"批判性思维"和"非形式逻辑"。20世纪60年代,美国著名哲学家、新泽西蒙特克莱尔州立大学教授马修·李普曼和专业哲学家加雷斯·B.马修斯(Gareth B. M)在不同场合提出了"儿童哲学"的概念。作为最早提出"儿童哲学"概念的学者,李普曼的第一部儿童哲理小说 *Harry Stottlemeire's Discovery*(中文名为《聪聪的发现》)于1969年发表,标志着儿童哲学的诞生。哲学家加雷斯·B.马修斯的儿童哲学三部曲《与儿童对话》《童年哲学》《哲学与幼童》则从理论的角度对"儿童哲学"这一概念进行系统化、学科化的阐述。1974年,新泽西蒙特克莱尔州立学院成立了儿童哲学促进中心(IAPC),由李普曼教授和夏普教授主持,他们设计并制订了儿童哲学计划,组织编写了儿童哲学教材,并成功在美国中小学推行实践。

法国小学的哲学教育渗透到所有课程中,目的是"培养儿童的道德观念,对真理和信仰的理智追求、自律性和责任感,培养其崇尚自由、平等、博爱的精神"[①]。法国中等教育中的哲学教育则是一门重要的学科。法国哲学博士、儿童哲学作家奥斯卡·柏尼菲(Oscar Brenifier)与联合国教科文组织合作在世界各地成立哲学工作室,进行儿童哲学师资培训,推广成人与儿童的思考训练课程。

1992年,英国成立教育中的哲学探究与反思促进协会(the society for the advancement of philosophical enquiry and reflection in education,SAPERE),推出儿童哲学绘

---

① 张国清,刘腾.杜威实用主义政治哲学考察[J].华中师范大学学报(人文社会科学版),2015(4):73-82.

本,从听、说、读、写四个方面进行儿童哲学教育,并在不同学科中开展哲学教育。德国、日本等国也就儿童哲学教育开展了许多实践和探索。乌克兰甚至将儿童哲学教育列为国家课程。

(二)国内相关研究现状评述

台湾地区引入儿童哲学先于大陆。1978年,当时任教辅仁大学哲学系的杨茂秀教授把儿童哲学引进了台湾地区,并于1990年于台北市和平东路成立"毛毛虫儿童哲学基金会"推动儿童哲学发展。此基金会除翻译儿童哲学教材外,也开设相关学习课程。

大陆专家学者也对儿童哲学进行了可贵的理论探讨。如杨国荣先生的《知识与智慧》、陈桂生的《也谈有智慧的教育》、靖国平先生的《"转识成智"——当代教育的一种价值走向》等。从实践方面看,大陆中小学,甚至幼儿园,也正在尝试开展儿童哲学教育。1997年,昆明市铁路南站小学原校长、云南省特级教师彭琨引进了儿童哲学教育理论,编写了"儿童哲学丛书",并在昆明铁路南站小学进行了相关的教学,意在培养学生科学思考的习惯和能力。1999年,上海市六一小学正式确立并启动儿童哲学校本课程的开发,制订了学校儿童哲学课课程方案。该方案包括课程定位、课程特点等12个板块,确立了"儿童哲学"的三级目标体系。该校校长还总结经验,出版了《聪明学习,学习聪明》一书。2003年,一所系统训练科学思维能力的幼儿园——云南民航儿童哲学实验幼儿园正式开办,成为大陆首个开展儿童哲学实验的幼儿园。

2011年,第七届中国儿童阅读论坛暨亲近母语教育研讨会引入了关于儿童哲学启蒙的议题,现场展示关于"自由"的儿童哲学启蒙课。2012年,第八届中国儿童阅读论坛以"儿童与哲学"为主题,广泛探究儿童的哲学、童年的意义,深入探讨儿童哲学阅读和儿童哲学教育问题。自此,儿童哲学为一线教师、学者、出版人广泛关注。

2014年10月,国家"十二五"重点出版项目,由苏州大学朱永新教授任顾问,21世纪教育研究院副院长、扬州市特级教师王雄主编的国内首套原创儿童哲学童话绘本——"酷思熊"儿童哲学丛书陆续出版。该丛书主要从"人与自我""人与社会""人与自然"等方面构建品德与价值的理论框架,挑选出54个关键概念进行剖析,用儿童喜爱而富有想象力的童话故事形式展现出来,在国内有一定的影响力。

2014年起,在朱永新教授带领的新教育团队,杭州师范大学儿童哲学研究中心高振宇博士等学者的引领下,北京、上海、江苏、浙江、四川等地一些学校开始了儿童哲学教育的实践和探索。

2014年底,丰泽二实小与福建师范大学张荣伟教授带领的教授服务团结缘,学校确立了以"儿童哲学"课题开展学校课程改革实验的构想,决心依托福建师范大学强大的科研平台,努力打造"思"文化的智慧课堂特色品牌。2015年初,福建师范大学儿童哲学研究基地正式授牌,丰泽二实小成为福建省首个儿童哲学教育实验校。泉州市三大媒体《泉州晚报》《东南早报》《海峡都市报》相继跟踪报道,丰泽区教育网站、省教育厅网站、人民网、光明网等网络媒体争相转载。

2018 年 8 月 13—20 日,第二十四届世界哲学大会在北京国家会议中心隆重召开。会议设立了儿童哲学和哲学教育专场数十场专题会议、圆桌会议和分组会议,来自 30 多个国家和地区的专家和学者出席了会议。多个国家和地区的儿童哲学教育实践已经证明以"爱智慧"为原旨的儿童哲学教育能呵护儿童好学、好思、好问的天性,有效提高学生的逻辑思维能力、读写能力、表达能力、创新意识和创新能力,显著提升智力和非智力因素。

目前,开展儿童哲学教育实践探索的主要有昆明市铁路南站小学、上海市六一小学、东北师范大学附属小学及四川、江苏、浙江、福建等地的一些小学和幼儿园,整体而言相对较少。由于小学教师极少是哲学专业出身,对真正的哲学知之甚少,无法在短时间内获得这些素养,于是就只有避难就易,更多地关注儿童哲学的教学方法,而非教学内容。[①]

第三节 研究价值:儿童哲学在小学语文教育中的意义与价值

当前,人类即将进入人工智能时代,未来已来,人的独立思考、批判思维和创新思维的培养得到了全社会的空前关注,人类的智慧和生命意义的重要性凸显。这对教育的发展也提出了新的要求。中共中央、国务院发布的《关于深化教育改革全面推进素质教育的决定》指出,智育工作要转变教育观念,改革人才培养模式,积极实行启发式和讨论式教学,激发学生独立思考和创新的意识,切实提高教学质量。要让学生感受、理解知识产生和发展的过程,培养学生的科学精神和创新思维习惯,重视培养学生收集处理信息的能力、获取新知识的能力、分析和解决问题的能力、语言文字表达能力以及团结协作和社会活动的能力。

一、儿童哲学教育的意义及价值

教育肩负着为未来社会培养现代公民的使命,培养什么样的人和怎样培养人始终都是教育的终极追求。虽然当前国内的儿童哲学教育正在为越来越多的人接受,但真正在中小学实施儿童哲学教育的学校还为数不多,是值得率先涉足的领域。儿童哲学教育的价值有以下三个方面:第一,呵护儿童的哲学天性。儿童哲学教育旨在引导儿童

---

① 高振宇.儿童哲学论[M].济南:山东教育出版社,2011:81,127-156.

追求智慧,关注儿童好学、好思、好问的天性,通过学科渗透的实践,发展儿童的核心素养,从而开启儿童的智慧之门。第二,丰富儿童的哲学素养。儿童哲学教育通过学科的渗透,在活动中培养学生科学的思维方法、学习方法和实践性智慧,以及自我发展的能力。第三,奠定儿童的哲学人生。儿童哲学教育通过学科教学的渗透,将先哲的思想和逻辑方法传递给学生,促进学生个人的成长和人际交往能力的发展,增进学生对道德的理解,帮助学生形成正确的人生观、价值观和世界观。

丰泽二实小在儿童哲学的课题研究时想方设法在小学语文学科教学中融入儿童哲学,强调"儿童哲学"的思想、内容、方法在本学科课程中的渗透,在学科教学中用最能让儿童接受的语言和方式,依托学科教材内容,创造性使用教材,把前人优秀的哲学思想融入课内外实践活动中,引起儿童的深层次思考,以此发展儿童的创造性思维,培养儿童的创新精神。

二、小学语文学科渗透儿童哲学教育意义

儿童哲学实践从学生的发展需求出发,有效地促进和实现教育培养人,以达到让每个学生的个性得到和谐、充分发展的教育目标。儿童哲学视域下的小学语文课堂教学以思辨、创新的教学方式,提高了学生参与课堂的积极性。在教师的引导和激励下,学生独立地表达自我的想法,锻炼自己的判断能力和创造性思维。儿童哲学重在学习活动中培养学生的思维品质,体现在教和学的方法的改进以及教育内容的完善之中,对儿童的个性发展,减轻儿童过重课业负担,培养具有创新意识、追求真善美的现代公民等产生有益的影响。[①]

在小学语文学科中渗透儿童哲学教育,能够拓宽语文学科教学的深度、广度和效度。探索儿童哲学教育与小学语文学科相融合的有效策略,能够为发展学生核心素养探索新的实践途径、方法和内容,从而丰富教育理论。同时,能将儿童哲学课堂中一些有效的教学理念、策略和方法运用到学科教学中,提升教学效果,启迪学生智慧,为学生的终身发展奠定基础。

(一)小学语文教育渗透儿童哲学的意义

1. 小学语文教材中蕴含丰富的儿童哲学教育资源

儿童哲学教育的载体是哲学问题,而且哲学问题都蕴藏在一个个富含哲理的小故事或小说中,孩子们通过阅读可以激活的思维,促进智力的发展。在小学语文教材中,富含哲学内容的资源尤为丰富,囊括了文学、艺术、哲学等多方面的内容,尤其是一些富含

① 吴国平.课程中的儿童哲学[M].上海:上海教育出版社,2018:18-23,49-76.

科学性、哲理性的文章对启迪儿童智慧、引发儿童深度思考等都有显著作用,学生的解释能力、形成概念的能力、推理能力、探究能力等思维能力都将得到提高。其教育资源包括趣味故事《谁的本领大》《抬驴》《做什么事最快乐》;趣味十足、富含哲学内容的俗语;成语故事《刻舟求剑》《守株待兔》等;留白较多、意蕴无穷的诗歌、童谣,如《大海》《小树》等;创造性因素非常明显的篇章,如《司马光》《乌鸦喝水》等。当然,受学生年龄、知识结构等因素的限制,他们的思维达不到一定的深度,有时还不能准确、清晰地表达自己的观点,良好的思维习惯还有待慢慢养成,所以,这些都需要在实践中进一步研究探索。但有一点可以肯定,在小学语文课堂教学中引进儿童哲学教育是具有可行性的。

2. 对激发儿童的逻辑思维能力有积极作用

儿童哲学教育的目标是提升儿童的逻辑思维能力,引导儿童进行哲学和思想活动。但是哲学并不是独立的,而是需要借助语言、阅读等多种方式感知和表达的。哲学教育本身就和语文教育息息相关,因此小学语文渗透儿童哲学可有效地提升学生的语言、写作、阅读和理解能力,为儿童开展哲学思考活动奠定基础。

首先,在课堂教学中启蒙儿童哲学思维有助于儿童从宏观上认识哲学的起源和发展历程。小学语文教育作为基础性的母语教学对儿童的哲学思维启蒙至关重要。人的个体思维发展史,可以看作人类整体思维的发生史的简单重演。儿童具有强烈的好奇心,对宇宙乃至世间万物的起源都有浓厚的兴趣,这与人类初期所关注的问题是一致的。儿童哲学思维启蒙对小学语文课堂教学具有启发性。儿童的思维具有直观、朴素、纯真的特点,不像成人思维受思维定式的束缚,也不像成人思维那么复杂,需考虑环境、对象等诸多因素,儿童在看待问题的时候往往更清晰和直接,直面问题的本质。例如《皇帝的新衣》中那个大声说出真话的孩子,儿童对许多问题的看法往往一语中的。在小学语文教学实践中,教师不应该忽视儿童的哲学问题及他们所进行的哲学思考,应该严肃地看待并与儿童做深入的讨论,共同思考并共同解决问题。

其次,儿童哲学思维启蒙可以从微观层面发展学生个体的思维能力。儿童哲学探究计划是为了帮助儿童自己思考,发展其推理能力和创造力。在小学课堂教学中有意识地启蒙儿童哲学思维,可以培养学生认识和理解的整体性,以及探究的深刻性和预测的前瞻性。儿童哲学思维启蒙可以使儿童受到古今中外多元文化的熏陶。在语文学习素材中包含着博大精深的中华文化和不同时代、不同民族的文化特征。我国传统文化受儒道释的影响很深,在哲学发展的过程中产生了许多富有哲理韵味的故事,如《庄周梦蝶》《邯郸学步》等。教师以丰富多彩的传统文化资源对儿童进行哲学思维启蒙,能够陶冶儿童的情操,也可以引导儿童继承传统文化的精华,尊重多样文化,吸收世界多元民族文化智慧,提高文化品位。

(二)小学语文教育渗透儿童哲学的可行性

1. 儿童天生就爱思考

有人认为儿童根本不可能学习哲学,因为他们的逻辑思维能力较弱。但是众所周知,儿童的世界里有"十万个为什么",他们天性好奇,对世界充满了探究欲望,这种探究欲望不仅体现在自然科学方面,还体现在逻辑思维方面。尽管儿童的逻辑能力较弱,语言表达不够成熟,但是他们对哲学有着天生的领悟力。哲学的本质源于好奇,正是由于儿童对外界了解有限,才对周边的世界感到好奇,有着天然的探究兴趣。同时,儿童的问题虽然略显幼稚,却往往能过滤掉众多不必要的烦琐步骤,直指最为质朴本真的问题,直达问题的本质。如"我从哪里来,要到哪里去?"这是关于生命起源、生命意义的哲学问题;"天的外面还有天吗? 天上住着神仙吗?"这是关于唯物主义和唯心主义的哲学问题。

2. 当前的小学语文课堂忽略了对儿童逻辑思维的培养

在我国当前的小学语文课堂中,教师更注重对语文知识的传授,忽略了对学生逻辑思维能力的培养。尤其是在以成绩为主的传统教学模式下,语文教学追求的是答案统一规范,对学生发出的不同声音往往评之为"没有意义""浪费时间"。因此,传统的小学语文课堂局限于对学生听说读写等基本能力的培养,一定程度上忽视了对学生思维能力的培养。将儿童哲学引入小学语文课堂的目的就是要弥补这些缺陷,在提升儿童语言能力的同时,提升其思维能力。

3. 课堂教学模式有利于集体探究

小学语文课堂教学是一种集体活动,这种集思广益、集体探究的模式本身对于哲学学习来说就是一种十分有效的途径。在这种课堂模式下,一个学生提出问题之后可以引发群体讨论,所有学生在思维碰撞、意识交流的过程中进一步锻炼思维能力,经过相反、相同的观点之间的辩证、讨论、分析,进一步培养批判性思维能力。

(三)在小学语文课堂中进行儿童哲学思维启蒙的可行性

1. 儿童哲学教育可开发丰厚的母语教育资源

教师开展儿童哲学教育除了利用李普曼教授写作的儿童哲学著作之外,还可以选择一些富含哲学思考的儿童文学作品进行哲学思维训练。丹麦的叶斯柏森就利用丰富的丹麦童话作为儿童哲学教育资源,美国的马修斯也大量运用儿童文学中的幻想故事来进行儿童哲学对话;我国台湾的杨茂秀教授,以及上海市六一小学和昆明铁路南站小学,则尝试自己创作适应中国儿童生活情境的哲学故事,这些都是对儿童哲学教材的丰富。

中国儿童文学研究会副会长、中国海洋大学文学与新闻传播学院朱自强教授认为,文学可能先于哲学研究表现哲学问题。他将童书(儿童文学)中设计哲学内容的文本分为三类:一是用文学(包括图画书)的形式直接面向儿童探讨哲学问题的童书,如碧姬·拉贝撰文、埃里克·加斯特绘画的《哲学鸟飞罗》和王雄主编的"酷思熊"儿童哲学启蒙绘本丛书;二是故事里蕴含哲学问题的童书,大部分优秀儿童文学都属于这一类型,如赫姆·海恩创作《大象的算术》;三是直接表现儿童哲学思考行为的童书,如李普曼在IAPC教材里谈到的《寻找意义》《聪聪的发现》《苏菲的世界》等。文学与哲学关系密切,不可分割,儿童文学除了可以提供儿童阅读故事,培养儿童的文学素养外,也为儿童提供了哲学思考的机会。

2. 语文教师启蒙儿童哲学思维的可行性

徐冬梅老师在第八届中国儿童阅读论坛的开幕词中说:"我们现在来探索儿童哲学的教育,我相信在小学语文教学实践中或者在儿童教育领域做得非常好的一定是语文教师这群人,所以我觉得语文老师只有担起这个责任,才可能开始探索。……我愿意在这样的平台上把儿童和哲学作为主题,愿意来点一盏灯,守一方土,和大家一起亲近母语,呵护童年。"①

"儿童哲学"对研究者和实践者自身都提出了较高要求,其至少需要具备儿童心理发展、儿童思维认知发展、教育技术学以及哲学等领域的知识素养。中国教育场域下,语文教师的业务能力、专业素质和学习能力大多比较强,语文教师在课堂教学内外承担儿童哲学思维启蒙的任务具有得天独厚的优势。因此,语文教师有责任承担起这一重担,使儿童哲学教育成为生命的智慧教育,使儿童获得优质思维能力,并培养儿童健全的人格。

丰泽二实小不仅将儿童哲学与小学语文学科课堂教学相结合,同时把儿童哲学教育研究延伸到校园文化建设的各个领域,在学校日常教育教学、德育实践活动中探索落实儿童哲学教育的实施路径,借助学校少年宫活动平台举办特色活动,深入开发儿童哲学教育校本课程。另外,在学科教学中渗透儿童哲学教育,强调"儿童哲学"的思想、内容、方法指导,依托学科教材内容,创造性地使用教材,把前人优秀的哲学思想、方法论、价值观融入课内外实践活动中,引发儿童的深层次思考,以此发展学生的创造性思维,培养学生的创新精神。

第四节　研究图景:儿童哲学视角下落实核心素养的目标体系

《中国学生发展核心素养》对核心素养进行了如下界定:学生发展核心素养是指学生应具备的、能够适应终身发展和社会发展需要的必备品格和关键能力。核心素养的确定,将教育的视野聚焦到教育主体——孩子的成长与发展上来,破解

---

① 亲子教育论坛:徐冬梅谈儿童与哲学实录[EB/OL]. (2012-05-10)[2022-06-08]. https://baby.sina.com.cn/news/2012-05-10/150554639.shtml.

了培养什么人的问题。因此学校教育教学要不遗余力地培育学生核心素养的三个方面。价值引领、能力培养、品格塑造成了当前学校和教师的三大核心任务。

一、儿童哲学视角下核心素养的落实框架

丰泽二实小多次组织对 2011 年版和 2022 年版各科课程标准、《中国学生发展核心素养》进行再学习、再讨论，由校长牵头，教导处、教研室、学科备课组组织研讨，从课标和核心素养的具体目标，梳理出与儿童哲学相契合的"点"。参考儿童哲学创始人李普曼教授《教室里的哲学》的相关目标，对小学阶段不同学科、不同年段的儿童哲学教育目标进行细化、具化，初步制定了学校儿童哲学教育的目标框架。

2014 年教育部印发《关于全面深化课程改革落实立德树人根本任务的意见》，提出"教育部将组织研究提出各学段学生发展核心素养体系，明确学生应具备的适应终身发展和社会发展需要的必备品格和关键能力"。结合丰泽二实小实际解读，其核心是培养"全面发展的人"，包含三个方面——文化基础、自主发展、社会参与。其中，文化基础包括"人文底蕴、科学精神"两个方面，自主发展包括"学会学习、健康生活"两方面，社会参与包括"责任担当、实践创新"两个方面。

在此基础上，丰泽二实小将儿童哲学培养目标导向学生的人文素养、科学精神、思维品质和交往能力的培养，并将之契合哲学的价值观、方法论、形而上学、逻辑推理、伦理探究等领域，着力形成学生的"5C"能力，即批判性思维、沟通交流能力、团队协作能力、创造力、关怀力，以此建构学校儿童哲学教育课程目标体系，包括总体目标、具体目标与语文、数学等多学科课堂教学目标。

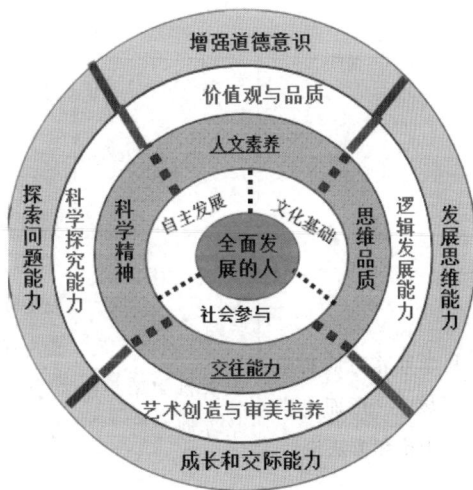

语文教育渗透儿童哲学的目标体系如图 1-1 所示。

图 1-1　语文教育渗透儿童哲学的目标体系

儿童哲学教育结合核心素养的总体目标为发展人文素养，引领重要价值观，培养道德品质；发展科学精神，培养创造力；启迪智慧，提高推理能力；自主发展，提高人际交往能力。

儿童哲学教育的具体目标包括：价值观与品质（对应哲学领域——政治学、伦理学）；科学探究能力（对应哲学领域——认识论和方法论）；逻辑发展能力（对应哲学领域——形式逻辑）；审美能力培养（对应哲学领域——美学）。具体如表 1-1 所示。

表 1-1　丰泽二实小儿童哲学教育总体目标

对应的哲学领域	目标	基本内容	具体内容
人文素养对应哲学领域——形而上学认识论和方法论	发展人文素养，培养道德品质	了解社会的基本原则和规范，帮助儿童懂得做出正确道德判断的重要性，提高儿童道德判断能力，培养其良好的道德行为	1. 道德教育中自由意志与客观存在、社会要求与个人自主的问题 2. 伦理道德原则和规范的学习；道德情感的激发；提升道德判断力；培养道德行为。意义与逻辑判断；意义判断；意义与重要性；意义与满足；意义与满足类型；意义与方法 3. 了解不同国家、地区、民族的风俗、文化；尊重世界多元文化的多样性和差异性，积极参与跨文化交流 4. 认识变化和发展、标准和规则、恰当和公平、权利和义务、爱与关心、信任与怀疑、例外与矛盾、好与坏、对与错、生与死、思想与心灵、武力与暴力、爱与恨、思想和心灵、喜欢与讨厌、言行制约等
科学素养对应哲学领域——形而上学认识论和方法论	发展科学精神，培养创造力	能理解和掌握基本的科学原理和方法；尊重事实和证据，有实证意识和严谨的求知态度；能不畏困难，有坚持不懈的探索精神；能大胆尝试，积极寻求有效的问题解决方法	1. 探究过程：思考和思想，思想的真实性、模糊性、灵活性 (1)直观思维，独立思考； (2)程度差别与类型差别，差异和相似 2. 定性与定量 (1)转变关系，传递关系； (2)思考模式，精神活动； (3)局部到整体，整体到局部，个别到一般，一般到个别； (4)真实性与可能性的区别，四种可能性及说明； (5)偏见和跳跃性结论 3. 标准化：引用相关自然法则，进行相应的试验科学资料的分析

续表

对应的哲学领域	目标	基本内容	具体内容
思维品质对应哲学领域——形式逻辑	启迪智慧,提高推理能力	培养学生推理能力,会由感知得出推断,懂得根据多种事实做出推断,能进行逻辑推断,知道如何找出论据,识别错误的推断,进行理性的分析和判断	1. 三段论,三段论的一致性和连贯性,支配语句结构和句间联系的规则,中间句的消去 2. 提出理由:充足理由律 (1)推断的类型:归纳推断、演绎推理、解释性推断、类比推断、行动指导推断; (2)寻求理由的要求:公正、客观、尊重他人、寻求进一步的理由; (3)充足理由的特点:有事实依据、相关、支持、熟悉; (4)充足理由律的教学 3. 合理行动 (1)角色示范:思维类型; (2)合理行为的准则; (3)行动与反思:解释、体察、理性、直觉、想象、幻想、假设、矛盾、质疑、创新; (4)逻辑句的结构,真句与假句、描述性法则和规定性法则、原因和结果、同义重复与真实性、通过扩大参考面获得客观性、关系和矛盾、例外和矛盾、对称关系、递进关系
审美能力对应哲学领域——美学	自主发展,提高人际交往能力	使儿童能尊重他人的价值观、性格、兴趣,促进个人品质的发展,提高自信心,促进情感的成熟,增强自我了解的能力	1. 艺术与人类经验 2. 艺术中的意义判断 3. 艺术的假设: (1)统一性的假设,统一性与其他审美标准; (2)独特性的假设,逻辑与欣赏,家族相似及艺术概括; (3)艺术真实性的假设 4. 欣赏的审美经验与审美对象 (1)欣赏的情感与情感特质; (2)对自然的审美欣赏 5. 艺术的结构与存在 6. 艺术创造性的探寻 (1)问题的定性解决; (2)艺术家的存储 7. 审美价值的批判,审美与非审美

二、儿童哲学视域下小学语文各年级落实核心素养目标分解

新课标之下,语文课程致力于全体学生核心素养的养成与发展,为学生学好其他课程打下基础;为学生形成正确的世界观、人生观、价值观,形成良好个性和健全人格打下基础;为培养学生求真创新的精神、实践能力和合作交流能力,促进德智体美劳全面发展及学生的终身发展打下基础。语文课程在推广普及国家通用语言文字、增强凝聚力、铸牢中华民族共同体意识、建立文化自信、培育时代新人,最终实现中华民族伟大复兴等方面具有不可替代的优势。语文课程的多重功能和奠基作用,决定了它在九年义务教育中的重要地位。小学语文课程培育的核心素养包括文化自信、语言运用、思维能力和审美创造。因此,儿童哲学教育的小学语文课堂教学目标为:提升学生的文化自信,在语言文字运用实践过程中,发展学生思维能力,培养学生探究问题能力,提高学生价值判断能力、审美创造能力,促进个人成长成才。

(一)一年级

1. 总体目标

在语文学习过程中,学生初步产生了爱祖国、爱家乡、爱大自然的朴素情感;初步了解社会的基本原则和规范,能在日常行为中做出基本的道德判断;具备一定的好奇心和想象力,在语言学习和日常表达中发展直观形象思维;初步感受汉字的形体美、语言文字的优美,喜欢阅读,乐于思考;初步形成积极的人生态度和正确的价值观。

(1)能用普通话正确、流利地朗读文本,讲述故事和感兴趣的见闻,喜欢观察周围的环境;能对好奇的事物探究"为什么"。

(2)掌握所学汉字,初步感受汉字的形体美。

(3)感受语言的优美,能正确运用标点符号主动书写自己看到、想到、感受到的精彩情节。

(4)能够借助图画学文,感受语言的优美,积累自己喜欢的词句。

(5)能够充分利用教材资源,捕捉学生思维信息,培养"问题意识",提高学生思考能力,寻找解决问题的办法。

(6)喜欢阅读,感受阅读的乐趣,并乐于与他人交流自己的感受和想法,于阅读体验中培养初步的哲学思考能力。

(7)表达自信,与人交谈态度自然、大方、有礼貌,初步学会文明地进行人际沟通和社会交往。

(8)感受四季的美好情景和生活的温馨,逐步形成积极的人生态度和正确的价值观,发展初步的哲学思维。

2. 具体目标

（1）识字与写字

①喜欢学习汉字，有主动识字的愿望。

②认识常用汉字 400 个，其中 200 个会写。

③掌握汉字的基本笔画和常用的偏旁部首，能按笔顺规则用硬笔写字，注意间架结构，初步感受汉字的形体美。

④养成正确的写字姿势和良好的写字习惯，书写规范、端正、整洁。

⑤初步认识大写字母，熟记《汉语拼音字母表》。

⑥能用音序法查字典，学习独立识字。

（2）阅读与鉴赏

①喜欢阅读，感受阅读的乐趣。

②学习用普通话正确、流利、有感情地朗读课文。

③能够借助读物中的图画阅读。

④能够结合上下文和生活实际了解课文中词句的意思，乐于思考，在阅读中积累词语。

⑤能够阅读浅近的童话、寓言、故事，向往美好的情境，关心自然和生命，对感兴趣的人物和事件有自己的感受和思考，并乐于与人交流。

⑥能够诵读儿歌、童谣、浅近的古诗，并展开想象，获得初步的情感体验，感受语言的优美。

⑦能够认识课文中出现的常用标点符号。在阅读中，体会句号、问号、感叹号所表达的不同语气。

⑧重视阅读感受，除了讨论书中的思考题外，学会质疑问难，能充分表达自己的见解。

⑨积累自己喜欢的成语或格言警句。背诵优秀诗文 15 篇（段），课外阅读总量不少于 1 万字。

（3）表达与交流

①学讲普通话，逐步养成用普通话的习惯。

②能认真同别人讲话，努力了解讲话的主要内容。

③听故事、看音像作品之后，能复述大意和精彩情节。

④能较完整地讲述小故事，能简要讲述自己感兴趣的见闻。

⑤与别人交谈，态度自然大方、有礼貌。

⑥对写话有兴趣，能简单写自己想说的话。

（4）梳理与探究

①对周围事物有好奇心，能就感兴趣的内容提出问题，并结合课内外阅读，共同讨论。

②结合语文学习，观察大自然，能用口头或图文等方式表达自己的观察所得。

③热心参加班级、校园活动。结合活动，能用口头或图文等方式表达自己的见闻和想法。

(二)二年级

1. 总体目标

在语文学习过程中,学生初步产生爱祖国、爱家乡、爱大自然的情感,继承中华民族传统美德;有一定的好奇心和想象力,初步培养独立思考的能力;在语言学习和日常表达中提升直观形象思维,学习观察、归纳事物的特点,培养初步的推理能力,会由感知得出简单推断;关注集体、关注生活,主动参与集体活动,关心自然和生命,形成积极的人生态度和正确的价值观。

(1)充分利用教材资源,捕捉学生思维信息,形成哲学话题。

(2)引导儿童关注集体、关注生活,主动参与班级实践,在实践中认识客观世界,增强自主意识。

(3)倡导合作学习,重视群体探究。初步学会独立思考,分清事物程度差别与类型差别,提高儿童的推理能力,尝试用多种方法解决问题,能分辨"差异"和"相似","真实性"与"可能性"的区别。

(4)珍视学生的独特见解,培养"问题意识",鼓励学生对经验进行反思,提倡学生"别出心裁"。

(5)充分激发儿童的潜能,让儿童在良好的学习氛围中,形成活泼健全的人格和独立思考的能力。

(6)学生喜欢学习汉字,有主动识字的愿望,初步感受汉字的形体美,写字姿势正确,字写得规范、端正、整洁,努力养成良好的写字习惯。

(7)能独立阅读浅近的童话、寓言、故事,向往美好的情境,关心自然和生命,对感兴趣的人物和事件有自己的感受和思考,并乐于与人交流。初步养成爱护图书的习惯。

2. 具体目标

(1)识字与写字

①喜欢学习汉字,有主动识字的愿望。

②认识常用汉字 1600～1800 个,其中 800～1000 个会写。

③掌握汉字的基本笔画和常用的偏旁部首,能按笔顺规则用硬笔写字,注意间架结构,初步感受汉字形体美。

④养成正确的写字姿势和良好的写字习惯,书写规范、端正、整洁。

⑤学会汉语拼音。能读准声母、韵母、声调和整体认读音节,能准确地拼读音节,正确书写声母、韵母和音节。认识大写字母,熟记《汉语拼音字母表》。

⑥能借助汉语拼音认读汉字,能用音序和部首检字法查字典,学习独立识字。

(2)阅读与鉴赏

①喜欢阅读,感受阅读的乐趣,喜爱图书,爱护图书。

②能学习用普通话正确、流利、有感情地朗读课文,学习默读,做到不出声、不指读。

③能借助读物中的图画阅读,结合上下文和生活实际了解课文中词句的意思,在阅读中积累词语。

④能阅读浅近的童话、寓言、故事,向往美好的情境,关心自然和生命,对感兴趣的人物和事件有自己的感受和想法,并乐于与人交流。

⑤能诵读儿歌、童谣和浅近的古诗,展开想象,获得初步的情感体验,感受语言的优美。

⑥能认识课文中出现的常用标点符号。在阅读中,体会句号、问号、感叹号所表达的不同语气。

⑦能积累自己喜欢的成语和格言警句,背诵优秀诗文50篇(段),课外阅读总量不少于5万字。

(3)表达与交流

①对写话有兴趣,留心周围事物,写自己想说的话,写想象中的事物。

②在写话中乐于运用阅读和生活中学到的词语,根据表达的需要,学习使用逗号、句号、问号、感叹号。

③学习说普通话,逐步养成讲普通话的习惯,能较完整地讲述小故事,能简要讲述自己感兴趣的见闻。

④能认真听别人讲话,努力了解讲话的主要内容,听故事、看音像作品后,能复述大意和自己感兴趣的情节。

⑤与别人交谈,态度自然大方、有礼貌,有表达的自信心。积极参加讨论,敢于发表自己的意见。

(4)梳理与探究

①能对周围事物有好奇心,能就感兴趣的内容提出问题,并结合课内外阅读展开讨论。

②能结合语文学习,观察大自然,用口头或图文等方式表达自己的观察所得。

③热心参加校园、社区活动。结合活动,用口头或图文等方式表达自己的见闻和想法。

(三)三年级

1.总体目标

在语文学习过程中,培养学生热爱祖国语言文字和中华优秀文化的思想感情,使学生受到爱国主义教育、社会主义思想品德教育和科学思想方法的启蒙;培养学生的创造力和爱美的情趣,发展健康的个性,养成良好的意志品格;鼓励学生质疑,培养学生的探究意识,初步养成勤于观察思考和乐于动笔的习惯;发展学生的逻辑思维能力,懂得根据多种事实做出识别错误的推断;在交谈中能认真倾听,并能就不理解的地方向他人请教,就不同的意见与他人商讨。

(1)能够利用汉语拼音识字、学习普通话。学会290个左右的生字,能读准字音,认清字形;了解字词在语言环境中的意思,思考生字的构字规律,创造性识字。

(2)能联系上下文或查字典理解词句的意思。学过的词语大部分能在口头或书面中运用。注意语言的积累,初步养成积累语言的习惯和思考习惯,培养独立思考和哲学思辨的能力。

(3)继续练习正确、流利、有感情地朗读课文和默读课文。读出一句话中间、句子之间和自然段之间的停顿,读出不同的语气。能背诵指定的课文。

(4)能在教师的指导下,集中注意力,开动脑筋,多读多想,把课文读通,初步理解课文内容。继续学习默读课文,读后试着提出问题,并讨论解决。

(5)能借助字典或有关资料独立阅读程度适合的读物,了解主要内容。课外阅读量不少于7万字。

(6)留心周围事物,初步养成勤于观察思考和乐于动笔的习惯,能在观察的基础上写出比较具体的内容。学写想象中的事物,能展开想象和幻想,不拘形式、自由地把自己的见闻和想象写出来,内容具体,感情真实,语句完整通顺。学会使用逗号、句号、问号、感叹号、冒号和引号。继续练习写日记、写片段,学习修改习作中有明显错误的词句。

2. 具体目标

(1)识字与写字

①上册认字230个,下册认字230个;写字上册220个＋下册200个。学生累计要认识常用汉字2000个左右,会写1400个左右。

②继续培养对汉字学习的兴趣,继续练习独立识字。

③能运用学过的识字方法辨析形近字、同音字,学习多音字,增强预防错别字的能力。

④认识文房四宝,开始练习写毛笔字。

(2)阅读与鉴赏

①初步掌握独立学习生词的方法,能够根据语言环境,通过联想和想象,理解生词的意思。学习查词典,能根据语言环境选择多义词的词义。在语文实践活动中,特别是在阅读中积累词汇。

②能用普通话正确、流利、有感情地朗读课文;初步学会默读;能复述叙事性作品的大意,初步感受作品中生动形象和优美的语言,关心作品中人物的命运和喜怒哀乐,与他人交流自己的阅读感受。

③初步学习概括文字的主要内容或提炼重要信息;练习找课文中心句、段落中心句;练习概括一篇课文或一部分课文的主要内容。

④背诵至少18首古诗、教材要求背诵的名言警句、指定的课文片段,适当选择自己喜欢的段落背诵。

⑤练习根据阅读的需要查找资料。

⑥继续培养每天阅读的好习惯,扩大阅读量。

(3)表达与交流

①注重引导学生留心周围事物,能不拘形式地写下见闻、感受和想象,乐意表现自己觉得新奇有趣的或印象最深的、最受感动的内容。

②通过仿写、续写等方式,继续练习用词准确、有内容、有条理地写话,并能较熟练地解决不会写的字的问题,完成由说到写的过渡,做到"我口说我心,我手写我口"。

③尝试在习作中运用自己平时积累的语言材料,特别是有新鲜感的词句。

④学习写公约,继续练习在生活或活动中运用启事、留言条、请假条等常见应用文,做到语言得体,格式正确。坚持写日记(每周一篇)。

⑤能够学会使用逗号、句号、问号、感叹号。

⑥学习修改的方法,通过自己大声读、请别人修改、"冷处理"等方式,修改习作中有明显错误的词句和其他问题。

⑦能够用普通话与人交谈;把握主要内容,并能简要转述。

⑧在交谈中能认真倾听,并能就不理解的地方向人请教。

⑨有表达的自信心,对感兴趣的话题发表自己的意见。

(4)梳理与探究

①对周围事物有好奇心,能就感兴趣的内容提出问题,结合课内外阅读,与他人共同讨论;能够结合语文学习,观察大自然,用口头或图文方式表达自己的观察所得;结合活动,用口头或图文等方式表达自己的见闻和想法。

②每学期语文综合实践活动不少于 4 次,保证每学期第七单元综合性活动的质量,充分动员学生的积极性,做到有计划、有组织、有展示汇报、有成果。

③继续培养自检的好习惯,能按照教材的要求,认真检查自己学习语文的态度、习惯及知识掌握水平。

(四)四年级

1. 总体目标

在语文学习过程中认识中华文化的博大精深,吸收民族文化智慧。关心当代文化生活,尊重多样文化,吸取人类优秀文化的营养;发展哲学思辨能力,尊重事实和证据,能进行逻辑推断,知道如何找出论据;能大胆尝试,积极寻求有效的问题解决方法,逐步养成实事求是、崇尚真知的学习态度;初步学会文明地进行人际沟通和社会交往,发展合作精神。

(1)在渗透儿童哲学教育的语文学习过程中,培养爱国主义情感、社会主义道德品质,逐步形成积极的人生态度和正确的价值观,从而发展哲学思辨能力。

（2）认识中华文化的博大精深,吸收民族文化智慧。关心当代文化生活,尊重多样文化,吸取人类优秀文化的营养,感受哲学思想的精深。

（3）培养热爱语言文字的情感,树立学习语文的自信心和养成学习语文的良好习惯,掌握最基本的语文学习方法,不断丰富哲学知识的积累。

（4）在发展语言能力的同时,发展思维能力,激发想象力和创造潜能。逐步养成实事求是、崇尚真知的学习态度,初步掌握科学的哲学思想方法。

（5）能主动进行哲学探究性学习,在实践中学习、运用语文知识。

（6）学会汉语拼音,能说普通话。认识 2500 个常用汉字,能正确工整地书写汉字,并有一定的速度。

（7）具有独立阅读的能力,注重情感体验,有较丰富的积累,形成良好的语感;学会运用多种阅读方法,充分挖掘教材中蕴含的哲学意蕴;能初步理解、鉴赏文学作品,受到高尚情操与趣味的熏陶,发展个性,丰富自己的哲学精神世界;能借助注释阅读浅易的文言文,课外阅读总量在 50 万字以上。

（8）能具体明确、文从字顺地表述自己的意思;能根据日常生活需要,运用常见的表达方式写作。

（9）具有日常口语交际的基本能力;在各种交际活动中,能够倾听、表达与交流,初步学会文明地进行人际沟通和社会交往,发展合作精神。

（10）学会使用常用的语文工具书;初步具备搜集和处理信息的能力。

2. 具体目标

（1）识字与写字

①具有较强的独立识字能力,累计认识常用汉字 3000 个,其中 2500 个会写。

②能用钢笔书写楷书,行款整齐,有一定的速度。

③能用毛笔书写楷书,并在书写中体会汉字的优美。

（2）阅读与鉴赏

①能用普通话正确、流利、有感情地朗读课文。

②默读要有一定的速度,默读一般读物每分钟不少于 300 字。

③能借助字典阅读,理解词语在语言环境中的恰当意义,辨别词语的感情色彩。

④能通过联系上下文和自己的积累,推想课文中有关词语的意思,感悟课文中关键词句表情达意的作用,体会语言的表达效果。

⑤能在阅读中揣摩文章的表达顺序,能体会作者的思想感情,初步领悟文章基本的表达方法;在交流和讨论中,敢于提出自己的看法,做出自己的判断,提高自己的哲学思辨能力。

⑥阅读说明性文章,能抓住要点,了解文章的基本说明方法;阅读叙事性作品,能复述叙事性作品的大意,初步感受作品中生动的形象和优美的语言,关心作品中人物的命

运和喜怒哀乐,能够与他人交流自己的阅读感受;阅读诗歌,能大体把握诗意,想象诗歌描述的情境,体会诗人的情感;能感受优秀作品的感染和激励,向往和追求美好的理想,让自己的内心世界更加丰富多彩。

⑦初步学会浏览,扩大知识面,根据需要搜集信息。

⑧在理解课文的过程中,体会顿号与逗号、分号与句号的不同用法。

⑨诵读优秀诗文,注意通过诗文的声调、节奏等体味内容和情感,感受历史人文的魅力;背诵优秀诗文60篇(段)。

⑩能利用图书馆、网络等信息渠道尝试进行哲学探究性阅读,扩展自己的阅读面,课外阅读总量不少于70万字。

(3)表达与交流

①懂得写作是为了自我表达和与人交流,乐于书面表达,愿意与他人分享习作的快乐。

②养成留心观察周围事物的习惯,运用自己平时积累的语言材料,特别是有新鲜感的词句,不拘形式地写下自己的见闻、感受和想象,注意把自己觉得新奇有趣或印象最深、最受感动的内容写清楚。

③能写简单的纪实作文和想象作文,内容具体、感情真实;能根据表达的需要,分段表述自己的观点和看法。

④学写读书笔记和常见应用文。

⑤修改自己的习作,并主动与他人交换修改,做到语句通顺、行款正确,书写规范、整洁。

⑥能用普通话交谈;能就不同的意见与他人商讨,乐于参与讨论,敢于发表自己的意见。

⑦倾听他人说话能把握主要内容,并能简要转述。

⑧能清楚明白地讲述见闻,说出自己的感受和想法;讲述故事力求具体生动。

(4)梳理与探究

①能提出学习和生活中的问题,有目的地搜集资料,展开讨论。

②结合语文学习,观察大自然、观察社会,用书面或口头方式表达自己的观察所得。

③能在教师的指导下组织有趣味的语文活动,在活动中学习语文、学会合作。

④在家庭生活、学校生活中,尝试运用语文知识和能力解决简单问题。

(五)五年级

1. 总体目标

在语文学习过程中,认识中华文化的博大精深,关心当代文化生活,尊重多样文化,培养爱国主义感情、社会主义思想道德和健康的审美情趣;发展个性,培养合作精神,学习科学的思想方法;有积极的求知态度,能根据事实和文字材料进行正反两个方面的分析和判断;能尊重他人的价值观、性格、兴趣,促进个人品质的发展。

(1)发展人文素养,培养道德品质。培养学生爱国主义情感、良好道德品质和健康的审美情趣;发展个性,培养合作精神,逐步形成积极的人生态度和正确的价值观。

(2)汲取中华文化精华,提高气质涵养。认识中华文化的博大精深,吸收民族文化智慧;关心当代文化生活,汲取人类优秀文化的营养,提高文化品位,尊重多样文化,尝试进行跨文化学习和交流。

(3)激发学习兴趣,养成良好习惯。培养热爱祖国语言文字的情感,增强语文学习的自信心,养成良好的语文学习习惯,初步掌握学习语文的基本方法。

(4)发展科学精神,培养创造能力。在发展语言能力的同时,发展思维能力,激发想象力和创造潜能;学习科学的思想方法,学习以局部到整体、整体到局部、个别到一般、一般到个别的规律进行理性思考。

(5)启迪智慧,提高学习能力。能主动进行哲学探究性学习,在实践中学习、运用语文。

(6)以人为本,扎实打好基本功。学会汉语拼音;能说普通话;认识3500个左右的常用汉字;能正确、快速、工整地书写汉字。

(7)熏陶感染,丰富精神世界。具有独立阅读的能力,学会运用多种阅读方法;有较丰富的文本积累,形成良好的语感,注重情感体验,发展感受和理解能力;能阅读日常的书报杂志,能初步理解、鉴赏文学作品,受到高尚情操与趣味的熏陶,发展个性,丰富自己的精神世界;能借助工具书阅读浅易文言文。

(8)拓展思维,提高表达能力。能具体明确、文从字顺地表述自己的意思;能根据日常生活需要,运用常见的表达方式写作。

(9)自主发展,提高人际交往能力。具有日常口语交际的基本能力,在各种交际活动中,学会倾听、表达与交流。

2. 具体目标

(1)识字与写字

①较强的独立识字能力,累计认识常用汉字3000个,其中2500个会写。

②能用钢笔书写楷书,行款整齐,学写毛笔字。

(2)阅读与鉴赏

①能用普通话正确、流利、有感情地朗读课文。

②默读有一定的速度,学习浏览以扩大知识面。

③能借助词典理解词语的意义;能联系上下文和自己的积累,推想课文中有关词句的意思,辨别词语的感情色彩,体会其表达效果。

④在阅读中揣摩文章的表达顺序,体会作者的思想感情,初步领悟文章基本的表达方法;在交流和讨论中,敢于提出自己的看法,做出自己的判断。

⑤阅读叙事性作品,了解事件梗概,能简单描述自己印象最深的场景、人物,并说出

自己的喜欢、憎恶、崇敬、向往、同情等感受。阅读诗歌,能大体把握诗意,想象诗歌描述的情境,体会诗人的情感;能被优秀作品感染和激励,向往和追求美好的理想;阅读说明性文章,能抓住要点,了解课文的基本说明方法。

⑥在理解课文的过程中,体会顿号与逗号、分号与句号的不同用法。

⑦诵读优秀诗文,注意通过诗文的声调、节奏等,体味作品的内容和情感;背诵优秀诗文60篇(段)。

⑧扩展阅读面。课外阅读总量不少于100万字。

(3)表达与交流

①懂得写作是为了自我表达和与人交流。

②养成留心观察周围事物的习惯,有意识地丰富自己的见闻,珍视个人的独特感受,积累习作素材。

③能写简单的纪实作文和想象作文,内容具体、感情真实;能根据内容表达的需要,分段表述;学习写作常见应用文。

④修改自己的习作,并主动与他人交换修改,做到语句通顺、行款正确,书写规范、整洁;能根据表达需要,正确使用常用的标点符号。

⑤习作要有一定速度;课内习作每学年16次左右。

⑥与人交流能尊重、理解对方;听人说话能抓住要点,并能简要转述,表达有条理。

⑦能根据对象和场合,稍做准备,能简单地发言;注意语言美,抵制不文明的语言。

(4)梳理与探究

①为解决与学习、生活相关的问题,初步了解查找资料、运用资料的基本方法。

②策划简单的校园活动和社会活动,对所策划的主题进行讨论和分析。

(六)六年级

1.总体目标

在语文学习过程中,了解祖国的山河壮丽、文化灿烂,增强民族自豪感和振兴中华的责任感;逐步养成实事求是、崇尚真知的科学态度;能不畏困难,有严谨的求知态度和坚持不懈的探索精神,能进行理性的分析和判断;同时,提高自信心,促进个人品质的发展,促进情感的成熟,增强自我了解的能力。

(1)了解祖国的壮丽山河、灿烂文化,增强民族自豪感和振兴中华的责任感;了解革命领袖的豪迈气概和革命前辈献身革命的崇高品质;了解劳动人民在平凡的岗位上为人类做出贡献的事迹,感受热爱党、热爱人民的思想教育;了解国家、地区、民族不同的风俗,不同的信仰、宗教、文化;尊重世界多元文化的多样性和差异性,积极参与跨文化交流。

(2)巩固汉语拼音,借助拼音识字、阅读、学习普通话,能正确认读学过的多音字,能辨别形近字。

（3）继续学写钢笔字，要求正确、端正、整洁，养成认真写字的习惯。

（4）能正确、流利、有感情地读课文，会背诵指定的课文；能领会句子中蕴含的意思；能理解段与段之间的联系，了解课文作者安排材料的方法；能用归并段落大意和回答几个问题再连起来的方法，归纳课文的主要内容；能尝试进行归纳推断、演绎推理、解释性推断和类比推断。

（5）能有顺序、有重点地观察周围的事物，初步养成认真细致观察的习惯；学会按事情发展顺序和按事物的几个方面安排材料，列提纲作文；能写条理比较清楚、内容比较具体的简单记叙文；写记叙文和应用文要求语句通顺，会用常用的标点符号。

（6）听程度合适的讲话和广播，能抓住主要内容；能辨别别人说话时内容和语句上的正误；能抓住主要内容复述一件事；讨论问题时能大胆发表意见，讲清自己的意思，初步学会文明地进行人际沟通和社会交往。

（7）手脑并用，提高综合实践能力；学会使用常用的语文工具书；初步具备搜集和处理信息的能力。

2. 具体目标

（1）识字与写字

①有较强的独立识字的能力。累计认识常用汉字 3500 个，其中 2500 个会写。

②能用硬笔书写楷书，行款整齐，并有一定的速度。

③能用毛笔书写楷书，在书写中体会汉字的优美。

（2）阅读与鉴赏

①能用普通话正确、流利、有感情地朗读课文，默读有一定的速度。默读一般读物每分钟不少于 300 字。

②能借助词典阅读，理解词语在语言环境中的恰到好处，辨别词语的感情色彩。

③能联系上下文和自己的积累，推想课文中有关词句的意思，体会其表达效果；阅读中揣摩文章的表达顺序，体会作者的思想感情，初步领悟文章基本的表达方法；在交流和讨论中，敢于提出自己的看法，独立做决定。

④阅读说明性文章，能抓住要点，了解文章的基本说明方法；阅读叙事性作品，能了解事件梗概，简单叙述自己印象最深的场景、人物、细节，并说出自己的喜欢、憎恶、崇敬、向往、同情等感受；阅读诗歌，能大体把握诗意，想象诗歌描述的情景，体会诗人的情感；能受到优秀作品的感染和激励，向往和追求美好的理想。

⑤学习浏览，扩大知识面，根据需要搜集信息。

⑥在理解课文的过程中，体会顿号与逗号、分号与句号的不同用法。

⑦诵读优秀诗文，注意透过诗文的声调、节奏等体味作品的资料和情感；背诵优秀诗文 60 篇（段）。

⑧利用图书馆、网络等信息渠道尝试进行探究性阅读；扩展阅读面，课外阅读总量不少于 100 万字。

（3）表达与交流

①懂得写作是为了自我表达和与人交流；养成留心观察周围事物的习惯，有意识地丰富自己的见闻，珍视个人的独特感受，积累习作素材。

②能写简单的纪实作文和想象作文，资料具体、感情真实；能根据内容表达的需要，分段表述；学写读书笔记和常见的应用文。

③能修改自己的习作，并主动与他人交换修改，做到语句通顺、行款正确，书写规范、整洁。

④课内习作每学年16次左右；40分钟内能完成不少于400字的习作。

⑤与人交流能尊重和理解对方，乐于参与讨论，敢于发表自己的意见。

⑥听人说话认真、耐心，能抓住要点，并能简要转述；表达有条理，语气、语调适当。

⑦能根据对象和场合，稍做准备，能简单地发言；注意语言美，抵制不文明的语言。

（4）梳理与探究

①为解决与学习、生活相关的问题，能利用图书馆、网络等信息渠道获取资料，尝试写简单的研究报告。

②能策划简单的校园活动和社会活动，学写活动计划和活动总结。

③对自己身边的、大家共同关注的问题，或电视、电影中的故事和形象，组织讨论、专题演讲，学习辨别是非、善恶、美丑。

第五节 研究路径：探索，从思考开始

一所学校的发展，除了要有一支素质优良的师资队伍和良好的育人环境、精细化的管理、较高的办学质量外，关键还要在内涵上下功夫，从特色上寻出路。更重要的是思考如何进一步提升学校的办学品质，从学校文化的深度、广度、高度、过程几个层面，构筑切合学校实际的文化氛围，打造独特的品牌文化。儿童哲学是一门新兴的学科，我们思考将它引入校园，在小学语文课堂中进行实践研究。所谓思考，哲学上的定义是"以概念为基础进行的分析、综合、推理、判断等思维活动"。因此，整个研究和探索过程，都是理性地分析、综合、推理、判断的过程。

一、思考办学理念的定位，提升儿童哲学的实践高度

用探索哲学的方式"育人"，在新课改"深水区"探索中，在教育专家的引领下，在全体教师的共同努力下，我们提出了新时期丰泽二实小教育改革的目标：教育，应该是"人"的教育，具有提升人生命价值的意义。丰泽二实小遵循"一切从学生的全面发展出发，一切

为学生的健康成长服务"的教育宗旨,提出"和而不同,美美与共"的"教育哲学"。这一"教育哲学"主张的理念基础源于著名社会学家费孝通的"各美其美,美人之美,美美与共,天下大同",是一种教育哲学、一种教育追求,也是遵循教育规律、回归教育本质的实践探索。

践行这样的教育哲学,丰泽二实小从"和美教育"办学理念入手,校园文化建设围绕"和润生命,美泽人生",特色课堂围绕"善思立行,崇真尚美",培养目标设定为"和而不同,美美与共"。

丰泽二实小努力打造"和美"校园,建设"和美"教师团队,培养"和美"学生群体;以品德教育为媒,弘扬"和美"文化;以兴趣活动为媒,开发"和乐"课程;以"和洽"管理为载体,丰富"和美"内涵;以课堂教学为媒,构建"和思"课堂。当前,"和美"教育已成为丰泽二实小教育的核心,"和而不同,美美与共"的教育哲学、教育理念渗透在校园文化、课程、管理、课堂等领域,引领着学校的整体发展。

二、思考课程和教学改革,拓展儿童哲学实践的宽度

一年多来,丰泽二实小已构建起较为完善的以"国家课程校本化、校本课程精品化和社团活动课程化"为主要内容的"和乐"课程体系,包含健康美课程、语言美课程、创新美课程、艺术美课程,形成了一个学习方式多元、课堂教学高效、课程特色明显、课程选择多样的课程文化生态。在已经拥有40多门课程的基础上,丰泽二实小创新的步伐仍未停下。

丰泽二实小开启了"全盘整合"策略,整合各学科课堂教学的模式,将学科知识和儿童哲学紧密相连,以"思"为核心主线,开发了"主题式项目研究性学习课程",在学科教学中渗透儿童哲学理念,呵护儿童好思、好学、好问的哲学天性,构建独特的"和思"文化特色课堂,为高效课堂服务,为学生综合素养带来新一轮的提升,建构"和思"课堂主题式、项目研究性学习课程的教学框架(见表1-2)。

表1-2　"和思"课堂的主题式、项目研究性学习课程的课型、组织形式与实践方式

课型	组织形式	实践方式
实践活动课型	班队活动课中进行,由班主任老师负责	1. 研究活动的素材来源(主要是学校、家庭、社会三个方面); 2. 研究活动的开展形式(哲学剧场、哲学论坛、课外阅读、哲学咨询、特色活动……)
实验操作课型	科学(常识)课中进行,由科学教师负责	1. 实验内容的研究; 2. 观念建构的研究
案例教学课型	多学科课堂进行,由学科科任教师负责	教学课堂中选取多个贴近学生生活的案例,通过"辩论会"形式展开,让学生在热烈的辩论中学会思考、分析,学会分清是非……提高思维能力和道德水平

在此基础上,丰泽二实小经过一段时间的摸索,构建并完善了"1＋X"儿童哲学教学体系,课程结构调整的方向变得更加清晰。"1"是儿童哲学教育理念,"X"是各学科教学和实践活动,"＋"不是简单增加,而是渗透、整合、完善、提升。有了"1＋X"儿童哲学教学体系,教师们在教育教学中能清晰地找准落脚点,通过学科内、学科间、学科内外主题整合,优化教学结构,使学科教学由分立走向融合,打造"和思"文化智慧课堂。

丰泽二实小的课堂教学体系可以归纳为:1 种模式、2 个导向、3 条途径、4 维目标、5个发散点。

(一)1 种模式

丰泽二实小总结、提炼出全学科渗透儿童哲学教育的基本教学模式(见图 1-2)。

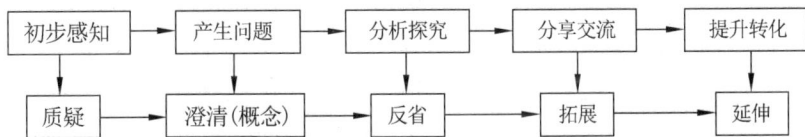

图 1-2　全学科渗透儿童哲学教育的基本教学模式

(1)初步感知。以一则新闻、一个故事、一段争论、一段视频、一幅图画、一件艺术品等能够激发兴趣和促进思考的"刺激物",引发学生思考与质疑。

(2)产生问题。学生在思考、质疑基础上,产生各自的见解,提炼出自己的看法、问题,通过独立思考或分享思考,形成意欲抛出的话题及相关见解。

(3)分析探究。问题发布者阐释各自问题的同时,让其他同学对这些问题及其解答思路进行整理、分类和评估,解决简单问题,达成共识,并把重点、有异议问题列为后续讨论、研究的对象。在发表不同意见、举证反驳、相互补充和反省中进一步分析探究。

(4)分享交流。每个同学分享自己的基本思想,不轻易"越过"任何没有发言的人,集思广益,得出结论。教师引导学生对结论(知识)进行横向打通、纵向挖掘,拓宽认识。

(5)提升转化。总结、完善本课学习心得,抛出类似或相关话题。

(二)2 个导向

丰泽二实小从课堂教学目标、原则、过程及大量教学课例实践中,提炼出"以'哲'促教、以'哲'促学"的评价导向机制(见图 1-3)。教师充满赞许的一个微笑、眼神、动作都可能给学生以信心和力量,使学生情不自禁地投入学习过程中,从而迸发出智慧的火花。所以,在课堂上不能用唯一的标准去衡量学生,教师要容许学生犯错误,对学生的积极回答、思考,要正确看待并充分肯定,要善于运用激励的评价机制激发学生的积极思考,提高其思维能力。

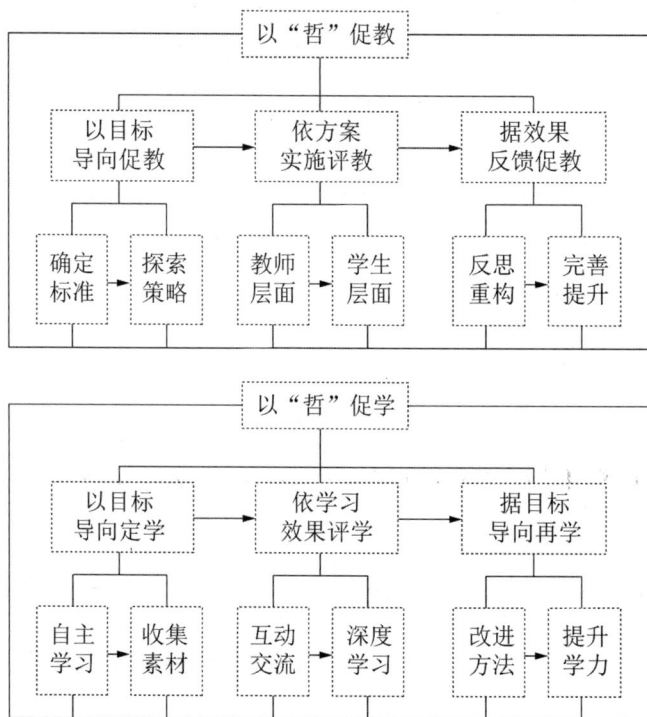

图 1-3   "以'哲'促教、以'哲'促学"的评价导向机制

(三)3 条途径

几年来,丰泽二实小始终坚持将儿童哲学教育理念渗透到校园文化建设的各个领域,落实到日常教育教学、德育实践活动中,探索出"学科渗透""实践活动""课程开发"三条实践途径(见图 1-4)。

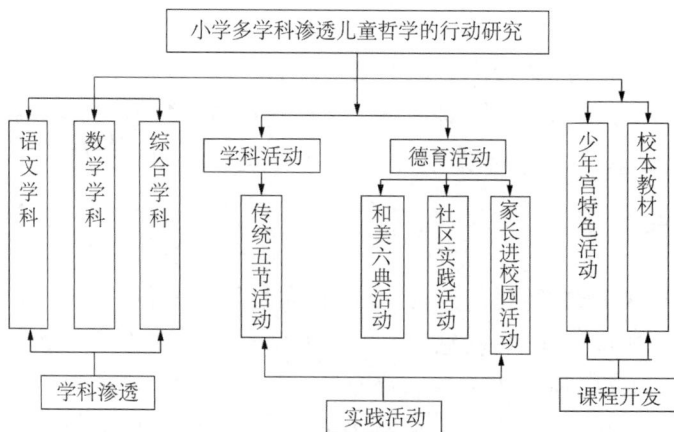

图 1-4   "学科渗透""实践活动""课程开发"实践途径

(四)4 维目标

对照课程标准和核心素养的具体要求,参考李普曼教授《教室里的哲学》的相关目标,丰泽二实小对小学阶段不同学科、不同年段的儿童哲学教育目标进行细化、具化,确立了多学科渗透儿童哲学教育的"4 维目标",指导教师的教育教学实践。

(五)5 个发散点

在以儿童哲学教育理念引领的课程框架下,丰泽二实小把国家三类课程和学校的特色课程在"课程活动化、活动课程化"的课程理念指导下进行了有效整合和梳理,形成了以"儿童哲学"为中心枢纽,以基础型课程(国家基础型课程)、拓展型课程(德育实践活动)、探究型课程(少年宫活动)、隐性课程(校园文化建设、家校互动)、教师活动(教育论坛、读书沙龙)为五条分支的"一个中心,五个发散点"的学校课程框架(见图1-5),有效落实渗透儿童哲学教育的四维目标,并以此建构学校儿童哲学教育课程目标体系。

图 1-5　"一个中心,五个发散点"的学校课程框架

三、思考课题研究的本质,提高儿童哲学的实践深度

(一)理论学习课题申报

作为福建省研究儿童哲学课程的先行学校,丰泽二实小在调查、学习、借鉴之后,购买了上海市六一小学编写的校本教材《聪明学习,学习聪明》和几十种有关儿童哲学的书,让全校教师进行理论学习和借鉴,开设了儿童哲学专题讲座"如何培养善于思考的人",并在教研活动时间集中进行有关儿童哲学理论学习。

2015 年 10 月,丰泽二实小在全面整合学科教学、充分挖掘课堂资源的基础上,申报了省级课题"多学科视野下的儿童哲学研究"。课题立项后即全面启动了儿童哲学在各学科的课堂实践研究,学校不同年级、不同学科的教师根据实际情况,分别确立了儿童哲学总课题下的系列子课题。其中,语文学科有三个子课题:分别是"丝思入扣,化虚为实"、"小学语文教学中渗透生命哲学教育实践研究"和"小学语文教学引进儿童哲学的实践研究"。有的子课题之下又有小课题，以此建立了学校小学语文儿童哲学研究多向度、多维度的课题网络。

（二）课堂教学渗透儿童哲学

"生本、求真、灵动、智慧"是丰泽二实小儿童哲学"和思"课堂的追求。"和思"课堂是"和而不同"的智慧课堂。"不同"即差异，指学生的特征，不同和差异是教学的前提，要遵循"生本"才能坚持不同，要追求"求真"才能"和而不同"；"和"是解决矛盾的方式，也是智慧的最高境界；"思"是思考，是思索，是智慧、灵动的求索。"和思"课堂遵循"生本、求真、灵动、智慧"，"和思"立足"生本"的"不同"，以"思"（求真、灵动）求"和"（智慧）。

然而，如何才能真正让这一文化落地，用课堂影响学生的一生？丰泽二实小开启了儿童哲学小学语文课例教学研究。在没有参照物的情况下，我们采取所有老师写讲义的模式出课例，集体听课、磨课、研课。其中，王唯捷、王好娜、林丽玲、庄培芳等教师的研讨课让人眼前一亮，没想到教师们在儿童哲学理念下构建的课堂如此精彩。

儿童哲学"和思"课堂关注"以生为本、全员参与""动态生成、资源整合""明辨立行、多向思维"等要素。老师们边实验、边研讨、边总结，具体方法是上实验课、研讨课，开研讨会，进行反思、案例剖析，进行调研并写好调研报告。

探索和实践"和而不同，美美与共"的教育哲学还有很长一条路要走，但丰泽二实小已经从校园、课程、课堂、教师、学生等方面入手，追求教育之美，倾力实现"善思立行"的儿童哲学特色课堂，用探索哲学的方式育人，展现"爱智慧"的教育蓝图。

（三）以师为本，培训提升

首先，请进来。丰泽二实小鼓励教师参加各级各类培训，创造各种条件，多渠道争取资源让教师参加与儿童哲学教育相关的培训，聘请福建师范大学张荣伟教授、福建省教科所基础教育研究室郭少榕主任、《福建基础教育研究》周志平编辑、杭州师范大学儿童哲学研究中心主任高振宇博士等到学校讲学，定点突破研究过程中出现的问题。此外，学校也经常邀请教研员、名师及共建校优秀教师共商共研，探讨儿童哲学进入语文课堂的方式与渠道。

其次，走出去。丰泽二实小组织教师跨省参加中国哲学研究中心、杭师大和杭州上城区进修学校联合举办的"思考拉儿童哲学师资培训"项目，选派王好娜老师参加2018年由北京大学承办的第24届世界哲学大会和在浙江杭州召开的第三届"回归儿童"教育论坛暨哲学与幼童国际学术研讨会，了解和学习儿童哲学教育研究的最新成果和研究方向，并就丰泽二实小课题研究的整体框架、研究近况及下一步的研究计划和实践过程中存在的困惑与专家学者进行交流。我校儿童哲学教育课题研究情况获得了与会专家学者的关注和好评。中国儿童哲学研究中心表示将持续关注丰泽二实小儿童哲学教育课题研究开展情况。会议结束后,王妤娜老师利用语文教研时间,对丰泽二实小全体语文老师进行了二次培训,传达了儿童哲学教育研究的最新动态,拉近了我校课题组教师与世界儿童哲学研究之间的距离。

再次,校本培训、教育论坛搭平台。丰泽二实小每两周召开一次教师大会,会前40分钟是学校的儿童哲学教育论坛时间,在自主报名的基础上,教师或交流研究心得,或推介好书,或分享教育故事,或进行哲学主题式培训,推动学科渗透走向深入。

最后,阅读儿哲书籍,提升理论素养。开展儿童哲学课题研究,教师儿童哲学理论素养的提升是一大关键。教师通过学习提升儿童哲学理论素养,能更好地理解儿童的行为、心理,认识到其中蕴含的哲学元素,给予儿童尊重、宽容和引领。因此,不断提高教师的理论素养和实践能力势在必行。丰泽二实小发动全校教师学习儿童哲学有关理论,统一购买了儿童哲学系列丛书如上海市六一小学的《聪明学习,学习聪明》、杜威的《我们如何思维》、马修斯的《与儿童对话》、麦克伦尼的《简单的逻辑学》、乔斯坦·贾德的《苏菲的世界》、冯友兰的《中国哲学史》、潘庆玉的《语文教育哲学导论》等书籍。教师们认真阅读,撰写读书笔记,摘抄书中精彩片段,记录读书感悟,并在学校两周一次的教师儿童哲学教育论坛上分享和交流。

(四)架构课题研究网络

在儿童哲学教育理论的引领下,丰泽二实小共承担国家级课题1个、省级课题8个、市区级课题13个,架构起五级儿童哲学教育课题研究网络。

丰泽二实小在"小学多学科渗透儿童哲学教育的行动研究"国家级课题统领下,共有10个课题获得立项,包括赖艳梅校长主持的省级课题"基于和美教育理念的校园文化建设的实践与研究",林亦芬副校长主持的省级课题"小学语文渗透儿童哲学教育的行动研究",庄婷婷教导主任主持的市级课题"基于儿童哲学视野下绘本阅读教学的实践与研究"和王妤娜老师主持的区级课题"小学语文学科儿童哲学绘本启蒙的行动研究",还有校级课题3个。学校初步架构起五级儿童哲学教育课题研究网络。这些科研课题立足儿童哲学教育,从语文学科特色出发,选定本学科儿童哲学教育研究重点,结合思维工具、思维导图、STEAM教育等新型思维启发学习模块和学习模式,开展学科渗透的实践探索,研究儿童哲学教育具体内容和活动方式,将儿童哲学与语文学科日常教学相结合,观测学科实验教师课堂教学行为,努力开发多元评价工具。

四、思考语文教育的本质,探索儿童哲学的实践温度

语文学科中蕴含着丰厚的儿童哲学教育资源。在小学语文学科教学中启蒙儿童哲学思维,使语文教学回归人学,回归母语教育的本质,思维的发展在认知和情感两个维度交叉融合,培养和发展儿童的理性思维、批判质疑、勇于探究等高阶认知能力,形成未

来社会所必须具备的人文积淀、人文情怀和审美情趣,有效提升儿童核心素养。在小学语文教学中启蒙儿童哲学思维,应挖掘儿童读物中的哲学元素,启发并指导儿童进行哲学思考,巧用教材和童书,善于与儿童进行对话,从生活中的问题出发,从文学中去感悟。

(一)开放性哲学对话

"对话""提问""探究群体"是儿童哲学必不可少的三大要素。对话是儿童哲学的核心,是最基本的要素。儿童哲学一切活动都以对话形式展开。儿童哲学提倡的对话直接借鉴苏格拉底"产婆术"思想。这里说的"对话"与日常谈话不同,是一种结构性的谈话,是有主题性的、有组织的、赋予了教育意义的谈话。李普曼教授主张在探究群体的情境中发展语言和思维,通过优质对话促进优质思维。对话能使我们集思广益,而不再仅仅局限于自己的思维模式。这种"对话"涵盖了大量的思维技巧和智力行为。通过"对话"这个外显的玻璃,我们得以进入思维这个内隐的容器。

在语文课堂对话中,"对话"不仅是帮助教师组织开展课堂教学的方法,更体现着师生之间的平等关系。教师可组织圆桌讨论,鼓励学生相互提问,根据文本进行哲学探讨,做出定义并进行推理,帮助学生明确要点、解释自己的观点,多角度看问题。

案例1 庄培芳老师执教《井底之蛙》

师:"井底之蛙享受浅井之乐,但它从鳖的话语中知道自己目光短浅、盲目自大,很惭愧。它非常美慕鳖的'大快乐',决定跟鳖一起搬到东海去住,你们赞同吗?"

生1:"赞同,要是青蛙一直待在井里,永远不会认识到自己的渺小。"

生2:"不赞同,大海适合鳖生活,未必适合青蛙生活。我觉得只要你无论身处什么环境都能保持不断学习,就不会像青蛙这样目光短浅。"

生3:"没错,每个人都有不同的追求,都有适合自己的生活方式,不能盲从。"

……

课堂上,教师通过设问一步步启发,让学生自己寻找问题的答案。学生们也不再"唯师是从",或质疑或反驳,不断碰撞出思想的火花,课堂上充满哲学思辨味道。对待儿童的哲学问题,重要的不是给以一个确定的行动性的答案,而是一个哲学谈话的探索过程。儿童会在丰富的生活中不断转移兴趣,哲学问题没有得到一个肯定的答案对他们生活的延续并没有影响,相反,因为有了这个探索的过程,他们对生活的思索能力增强,对生活的不定性才有了真切的认识,增强了他们的判断力和选择力。哲学谈话重要的是对儿童内在自由精神的培养;哲学谈话是过程性的,重要的是儿童自主地和我们一起关注生活。

(二)探究性哲学提问

提问是儿童认识世界、发现世界的独特方式,是儿童对世界表达自己真实想法的过程。杜威在《我们如何思维》一书中介绍了以问题为中心的五步教学法。五步教学法围绕学生提出问题的能力、思考问题的能力和解决问题的能力,揭示了教育就是不断提问与解决问题的过程。

案例2　庄婷婷老师执教绘本《蚂蚁和西瓜》

问题1:这是一块怎样的西瓜?

孩子们从颜色、大小、形状观察,并猜测它的味道。

问题2:接下来可能会发生什么事呢?

孩子们大胆猜想故事情节,展开推理,预测情节的走向。有的说爬上去吃,有的说大家一起搬回家,有的说西瓜太大了,切成小块,一点一点搬。

问题3:蚂蚁们是怎样分配任务的,都在干些什么? 哪只蚂蚁让你印象深刻?

引导孩子仔细观察绘本,自由交流感受。

问题4:你们还有别的办法吗?

孩子们展开想象,拓展思路,设想与文本不同的解决方案。

这些问题的设置基于孩子的认识,引导孩子们探寻故事发展的脉络,从不同角度、不同层面积极思考,问题具有开放性、思考性、启发性,孩子们在不断的思考中提升思考的层次与深度。

儿童的哲学思考常常发端于日常生活之中,前进于想象世界之中,他们的哲学追问,往往是依托于思维的无限遐想。这个想象的世界,是一个审美的世界、童话的世界。哲学讨论必须从问题的具体的、个人的方面,转向更广泛、更全面、更有建设意义的方面,从具体事例中获取对问题的更广泛的理解,从而可以发现儿童对这些带有普遍意义的哲学概念的看法。

(三)说理性哲学辩论

辩论是哲学思辨的一种重要方式,哲学中的"辩证法"一词就是从古希腊语的"谈话""论辩"演化而来的。一般我们讲哲学思维是讲"思"与"辩"两个方面。思维无处不在,而个人的能力总是有局限的,"智慧的分歧"就显得格外重要。所谓"认识不辩不清,真理不辩不明",辩论对智慧探索很重要。著名哲学家苏格拉底的哲学探究方法,即苏格拉底的辩证法,包含四个方面:讥讽、助产术、归纳和下定义,类似于归谬法。如"两小儿辩日",其实儿童的辩论是最常见的,是在自言自语和论辩中不断地澄清概念,改进认识,甚至抛弃前见。经过儿童自己检验后的吸收和改进,往往就是在辩论和自辩之后。

案例3　王妤娜老师执教《墨梅图题诗》

教师提出问题:"这幅《墨梅图》构图清新别致,一枝梅花横贯画面,花朵淡墨轻染,乾隆皇帝在画中题诗,是锦上添花还是画蛇添足?"

问题如一石激起千层浪,同学们在课堂上展开了激烈的辩论,有的认为乾隆题诗与《墨梅图》相融合,画格、诗格、人格浑然一体;有的认为乾隆题诗破坏了整幅构图,是画蛇添足……同学们还各自搜集整理了相关资料,以论证自己的观点。

在这堂诗文品析课之后,教师组织了一场课堂辩论。对于审美而言,并不存在整齐划一的标准答案,然而在正反两方的辩论中,学生主动去分析、思考问题,从不同角度辩证地看待事物,培养了学生的思辨能力,促进了他们形成独立思考的能力。

(四)趣味性哲学游戏

游戏是个体自发地开发自身潜能的一种活动,是个体处于游离状态的潜在意识的活动的外化。游戏是儿童最喜欢的活动,是儿童自发的活动,也是自我满足的活动。在儿童的游戏中,自我与外部世界、现实与梦想、死亡与重生、过去和现在以及未来可以水乳交融、浑然一体。多种相互矛盾的性质在游戏中可以达成"对立面的统一",这源于游戏具有双重性这一显著特点。

案例4　王妤娜老师执教《三只小猪》

读完绘本后,创设"召开动物森林大会"的情境,由小朋友们分别扮演小猪、狼、大象法官和大会陪审团。首先,由小猪宣读申诉信;其次,由狼进行辩护发言,陪审团运用文氏图展开讨论,分析控辩双方论述的同与不同、可信与不可信;最后,由大象法官进行总结陈词。

儿童的游戏常常围绕着二元对立的主题而建构,这些对立的矛盾能够帮助儿童分辨物理世界与社会世界的特点,并在这些世界中界定自己。心理学家埃里克森的研究表明,通过游戏,儿童能够回应他们新的认知能力及表现出的生活主题。孩子在角色扮演中必须立足于不同角色的立场:小猪和狼以自己的立场出发条理清楚、逻辑清晰地发表自己的控辩观点;而陪审团和法官则需要客观中立地分析双方的言词,推理出事件的真相,做出公正的判决。这样的游戏,既有趣又发展了儿童的逻辑推理能力和独立思考能力。

(五)拓展性哲学活动

儿童哲学课程开发不仅在学科课堂教学上渗透和落实,还应拓展到课堂以外,整合不同学科以及家长、社区有关资源,拓展活动形式,打破时空界限,提升活动效果和影响力。

儿童哲学教育与学校少年宫阅读课、电影之窗等活动整合,将绘本阅读、电影欣赏与哲学思维启蒙相结合,为课堂教学进行必要的补充。丰泽二实小学科组与少辅组相互配合,共同举办儿童哲学剧场系列活动,组织了儿童哲学亲子共读阅读分享会、儿童哲学故事会、儿童哲学课本剧等活动,同时又举办了"最美读书人"摄影比赛、儿童哲学手抄报制作比赛等赛事。

1. 读书节系列活动

丰泽二实小先后开展了寒暑假"童年与哲学"阅读读书活动,学生们利用寒暑假分学段阅读学校推荐的儿童哲学书籍和国内外经典著作,如一、二年级阅读国内儿童哲学原创绘本"酷思熊"系列丛书和《问个不停的加斯东》,三、四年级阅读"小小哲学家"系列丛书,五、六年级阅读"儿童哲学智慧书"系列丛书等。开学后学校举办"燃点智慧之光,巧 DIY 创意书签"比赛,学生们制作了形象逼真的树叶书签、动物书签,还利用生活中的废旧物品等,制作出造型各异的创意书签。一句句励志名言"为中华之崛起而读书""书读百遍,其义自见"等跃然书签之上。

2. 亲子共读活动

在每年寒暑假均开展"童年与哲学"读书活动的基础上,学校在读书节期间举办的"儿童哲学伴我成长"亲子阅读分享会成了经典的压轴活动。在亲子阅读分享会上,来自各个年级的不同家庭代表做经验交流和儿童哲学亲子阅读分享。分享形式多样、精彩纷呈,或全家通过角色扮演,来表达对儿童哲学绘本的感悟;或父女上台,深情分享成长的点滴记录;或母子娓娓道来,引人深思;或两个家庭组合,和孩子一起朗读精彩片段,共同讲述阅读的收获……

3. "和美六典"活动

设计循序渐进、螺旋上升的"和美六典"儿童哲学主题活动(见表1-3),作为儿童哲学课程实施的重要补充;以年段教育活动为有效载体,最终以各年段特色典礼的形式呈现,帮助学生正确处理人与自我、社群、自然之间的关系,进而让学生得到多元化的发展,从关注自己延伸到关注他人、关注社会、关注世界。

表 1-3　儿童哲学"和美六典"主题活动

年级	活动主题	活动口号
一年级	懂规	我是小学生
二年级	有礼	我爱我班
三年级	明责	我是小主人

续表

年级	活动主题	活动口号
四年级	诚信	诚信我来讲
五年级	实践	社会公德我来遵
六年级	感恩	我爱爸爸妈妈、我爱母校

4. 学科主题活动

结合学段特点，设计并开展学科儿童哲学主题实践活动（见表 1-4），激发学生的学习主动性，丰富学生的校园文化生活，促进学生综合能力的提高。

表 1-4　学科儿童哲学主题实践活动一览表

学科	主题	名称
语文	语言文字主题活动	遨游语言快乐宫
数学	思维创造主题活动	趣味数学
英语	英语主题活动	英语 ABC
道法	道法主题活动	做一个有价值的小公民
体育	体育主题活动	我运动，我快乐
信息	信息主题活动	信息技术我最行
科技	科技主题活动	科技在我身边
美术	美术主题活动	发现美的存在
音乐	音乐主题活动	小小艺术家
书法	书法主题活动	墨香伴我成长

5. 拓展课程开发新渠道

为扩大求知视野，构建孩子对社会、自然、自我的认识，依据国家课程实施纲要，学校对少年宫活动课程的设置进行整合与提炼，逐步形成了"语言美课程""健康美课程""艺术美课程""创新美课程""道德美课程"五大系列课程。尤其是"小小哲学家"活动项目，以儿童哲学相关书籍阅读为主，以中外经典阅读和时事新闻、生活日常为辅，引导学生展开哲学讨论，领悟学习、生活中的哲学智慧。

日积月累，学校的儿童哲学教育资源不断丰富，先后编写了五种"和园美韵"儿童哲学校本教材——《朗朗晨诵》《丰思泽慧》《谦谦礼仪》《悠然陶艺》《守护童年》，很好地落实了"善思、立行、明辨、省悟"的儿童哲学教育目标。值得一提的是，校本教材《朗朗晨诵》，所选的文本从儿童心性出发，选取了朗朗上口，能打开儿童心灵，启迪儿童善思、乐学，符合儿童心性的、经典的诗性文本。

第六节　研究成效:儿童哲学理念在小学语文教育中绽放

2015 年秋,丰泽二实小在福建省率先将"儿童哲学"带进课堂,开始了儿童哲学研究之旅,小学语文也成为儿童哲学实验的一个学科。丰泽二实小成为福建省首个"儿童哲学"教育研究基地学校,赢得社会各界广泛赞誉,《泉州晚报》、泉州电视台、福建省教育厅、光明网等对学校这一独特创新的教学特色进行了报道。《东南早报》、闽南网等多家媒体对学校"儿童哲学"教育进行了报道。

一、儿童哲学在小学语文教育中的研究有助于学校的发展

传统的课堂教学以学科知识的传授为主,在有限的教学时间中,陈旧的教学手段使课堂显得沉闷而乏味,学生对学习提不起兴趣,只能被动地接受知识,不利于学生的有效学习和教师的有效教学。丰泽二实小的"儿童哲学"研究改变了教师的教育和教学观:学生在课堂教学过程中,通过自主地学习和完成若干个问题,最终完成每堂课的教学目标。"教"和"学"的方式改变,提高了学生的学习兴趣,提升了教师的教学效率和反思意识。儿童哲学课题的研究,对提升小学科研效益、资源共享,形成区"小片区教研""共同体学校"起到了良好的促进和拉动作用,大大提高了学校综合办学的能力。

二、儿童哲学在小学语文教育中的研究有益于教师的发展

教师是课堂教学的组织者,是教材使用的执行者,是教育行为的实施者。教师的作用在儿童哲学课题的研究中占有决定性的作用。这是提升教师专业素养、执教能力的绝佳契机。儿童哲学课题的研究激发了教师的学习潜能,提高了教师的课程开发能力,变个体智慧为集体智慧,集个人能力为团队竞争力,共同提高了整体的教师队伍实力。

一是学。"小学多学科渗透儿童哲学教育的行动研究"国家级课题成员在赖艳梅老师的带领下,学习了儿童哲学情报资料、课程理念、课程特点、课程目标、课时安排、课程内容、教材建设、学习评价、管理与保障等内容,全方位、多角度地了解儿童哲学的性质与内容。与此同时,丰泽二实小还请来专家为课题组教师做了相关的报告。其中印象最深的是福建省教科所郭少榕主任、福建师范大学张荣伟教授做的三场风格迥异、各具特色的报告,三场报告从三个方面阐述了教育的真谛、儿童哲学的内涵,为开展儿童哲学教学的教师提供了坚实的理论支撑,同时也为课题研究注入了新鲜的氧气,提升了课题的研究品质。理论的学习打开了教师参与儿童哲学研究的眼界,实践的培训更让教师走近了儿童哲学。

二是研。课题成果运用与推广必须与教师教研相结合,才能把推广工作做得有效务实。课题组成员集结了学校的精兵强将,虽然人数不多,但是战斗力、研究力不可小觑。具体体现在:求新、求实、求索。比如在求新方面,观念求新、方法创新是指根据儿童哲学教学特色,教师打破陈旧的教学束缚,在明确教学目标、了解教学内容的基础上,在教学实践中挖掘教师最大的创新潜能,提倡教师宁可在尝试中失败也不要在保守中成功,尽量激发每位教师的个性,让求同存异的思想永存。

三是教。教材的精益求精源于教师课堂教学实践的经验,而教师在教学中遇到的实际问题又促使课题组成员不断地调整教材结构、教材体系。而要驾驭儿童哲学课堂,合理运用好教材,有效贯彻教材意图,又对教师的教学素养提出了更高的要求。教师要用求知的眼光发现问题,用智慧的头脑思考问题,用灵活的手段驾驭教学。课题组中的骨干教师的教学能力素养相对较强,能够较好地驾驭多元的儿童哲学课堂教学。他们常说儿童哲学就像一把"双刃剑",如果没有深入分析教材、没有预设学生诸多可变性反馈,那么根本不可能完成教学任务。

三、儿童哲学在小学语文教育中的研究有益于学生的发展

教育的根本目的是培养人,让每个学生的个性得到和谐、充分的发展,让学生终身持续发展、创造性地发展,这就需要激发学生独立思考和创造的欲望。儿童哲学课题的研究从学生的发展需求出发,有效地促进和实现教育的根本目标,让学生的个性得到充分的发展。随着儿童哲学课题研究的推广,儿童哲学将走进更多学校的课堂,和更多的学生近距离接触,让他们在丰富的问题探讨中思绪飞扬、心灵触动,最终达到让学生拥有活泼的思路、活泼的语言之目的。儿童哲学课题的研究对拓宽学生思维的深度与广度,对学生创新性思维的形成起到了重要的作用。

首先,思维潜力激活了。通过课题研究的深入开展,课题组学校的学生从过去的被教师提问转为自己提出问题;从过去被动等待教师的答案到现在自己解决问题;从过去不善于提问,提的问题不扣内容,到根据内容提问,提出精彩的、令教师称赞的问题。这反映的是学生思维的潜力正在逐渐被激活,思维能力正在发展和提高。通过两年的学习实践,对比平行班的学生,试点班的学生在思维能力和社交能力等方面有明显进步,表现在试点班学生在课堂上思维活跃,敢于质疑问难,课堂气氛活跃。

其次,语言表达完善了。由于教师转变了教学理念,课堂氛围变得轻松、愉快,教师的评价多元化、人性化,使得学生发言的积极性特别高。课堂上教师讲得少,学生讲得多,在多次锻炼之后,学生的语言表达能力明显得到了提高。有的学生甚至能够旁征博引来论证自己的观点,有的学生表现出了辩论和演讲的才能,就连平时不敢开口发言的学生也表现活跃。学生的学习方法有了一定的改进,也变得活泼大胆了,自信心有了较大提高,不仅能说、会说,而且敢想、敢说了,学习兴趣和思维能力有了提高。过去人们认

为语言是思维的工具,其实"语言本身就是思维"。人在语言中生活、在语言中思考,语言就是思维最直接最现实的体现。学生敢于开口说话、表达清晰、使用的词汇丰富了,说明他们的思维能力提高了。

学生在具有儿童哲学教育氛围的学科课堂教学的熏陶下,思维开阔了,思维角度多元了,见解精辟了,变以前单一、求同的思维为现在求异、多元的思维。一个学生在日记中这样写道:"以前无论上什么课,都是老师讲学生听,现在我们自己能讲、同学能讲、大家都讲,不用害怕会有标准答案,不用害怕讲错,这太好了!""把课堂还给学生,让学生成为教学的主体"已成为丰泽二实小全体教师的共识。

如今,儿童哲学教育已渐渐成为丰泽二实小发展的一把金钥匙,无时不在、无事不在,活跃在校园里、在教室里,也活跃在师生和家长的言谈与行动中。未来的日子里,丰泽二实小将继续以"和衷共济,成人之美"的工作作风引领"和颜悦教,美人美己"的教师队伍,促使学生"和融共进,美行美思",把丰泽二实小打造成一所班子有干劲、教师有活力、学生有发展、家长有称赞的幸福栖息地。

第二章

儿童哲学视域下小学语文教育的基本理念

第一节 教学模式:让语文课有点哲学味

如何让学生在掌握知识的同时,思维技巧和语言运用能力均得到发展? 如何培养学生的综合、分析、应变、贯通、创意等思维能力? 如何打造儿童哲学智慧课堂? 具体来说,如何以哲学的观点理解教材? 如何以哲学的观点指导教师的教学活动? 如何以哲学的观点指导学生的探索学习活动? 如何对具有隐性哲学观点的教学内容进行有效组织? 如何在儿童哲学课堂教学实践中促进教师提炼教学技巧、归纳教学方法、形成教学特色、提高课堂教学效率? 这些都是儿童哲学课堂教学需要解决的关键问题。"小学多学科渗透儿童哲学教育的行动研究"课题研究团队从课堂教学理念、目标、原则、过程以及大量教学课例实践中,对上述问题进行了研究和探索。

一、教学理念:激发与引导

(一)挖掘教材哲学问题,捕捉学生思维信息

小学语文教材中蕴藏着丰富的儿童哲学教育内容,它对发展学生的思维、培养学生的创新意识有着不可估量的作用。教师要善于挖掘教材中的资源,以此来发展学生的思维能力和创新精神。比如:可以根据课文的类型、内容及思维方式进行科学合理的分类,然后挖掘每类课文对应的哲学问题,制定出每篇课文的儿童哲学教学目标和教学方案。另外,教师在教学中还要善于捕捉学生思维的信息。当学生的问题具有很好的讨论价值、有利于思维的提高时,教师要善于把握,进一步拓展学生的思维空间,引导学生在语文学习中潜移默化地提高思维能力。

(二)倡导学生合作学习,重视学生群体探究

"群体"是一种教学情境,一种教育氛围;"探究"是一种活动,是学生学习的活动。群体方面激发了合作、关怀、信任、共同目标的精神,探究方面激发了自我矫正的思维能力,这种能力的实践使得学生在互相切磋、互相学习的过程中,能够优势互补,拓展思维空间。

(三)重视学生独特见解,鼓励学生别出心裁

为了便于管理,有些教师喜欢用统一的标准来要求所有的学生,从问题答案到作业内容,从日常行为规范到课堂纪律的绝对服从,其结果是使儿童形成循规蹈矩的思维模式。为了符合教师的标准,学生不敢发表独特的见解,做一些与众不同的事情,最终必将导致学生形成从众心理。而从众心理的形成,对儿童思维能力、创造能力的发展是非常有害的。因此,在课堂上要减少"统一",提倡自由发言,鼓励求同存异。

(四)激发学生问题意识,培养学生创新精神

爱因斯坦曾经说过:"提出一个问题往往比解决一个问题更重要。"可以说,一切发明创造都起源于"问",没有"问",就没有发明;没有"问",就没有创造。所以发展学生思维,培养学生的创新精神,首要的是让学生学会提问题,具备强烈的问题意识和提出问题的能力。所以要倡导"主动参与、提出问题、分析问题、群体探究"的儿童哲学教学模式,让学生从过去的被教师提问,到现在的自己主动发问;从过去被动等待教师的答案,到现在自己讨论解决。

二、教学目标:思辨与智慧

在大量的教学实践中,丰泽二实小逐渐确立了儿童哲学教学渗透课的教学伦理:尊重学生想法,引导学生多角度思考;注重过程学习,引导体验感悟;注重学生参与,尊重发现反思;尊重个性的发展,重视团队合作。丰泽二实小研究团队重点围绕既定课堂教学目标展开研究,并取得了一定的成效。

(一)发展学生思维能力

教育的目的之一在于使学生的独立思考能力、逻辑推理能力得到良好的发展。儿童心理学家认为:儿童具有一种与生俱来的学习探索能力,他们渴望在学习中获得乐趣。当学生有了学习的需要和愿望时,就会出现一种推动自己去学习的心理能量,激励自己积极主动地参与学习活动。因此,我们的课堂需要激发学生想象力,鼓励他们充分想象、发散思维。

（二）培养探索问题能力

儿童哲学课堂关注学生的思考过程，鼓励学生积极提出自己的疑问与看法，对同伴的观点进行质疑与补充，对教师的观点发表自己的看法。课堂上给予学生解决问题的自主权，启迪学生的思维，培养他们自己解决问题的能力。课题研究开展以来，不少学生表现出强烈的问题意识，经常会对一个问题"一竿子到底"，不断提出质疑和反诘。在活动中，学生从自述到交锋，从争论到接纳甚至合作，逐渐在活动中学会了表达与倾听。

（三）提高德育推理能力

课题研究团队希望通过教学，能让学生对文本的分析联系生活经验和感受社会、学校、班级生活的真、善、美，并以此建立正确的、健康的价值取向。

（四）促进交际能力发展

儿童哲学活动课丰富的活动形式能够帮助学生们发展口语能力。学生通过倾听培养了思辨能力，学会了与小伙伴们合作互助，从而更加自信、乐观，成为受欢迎、聪明、有灵气的孩子。

三、教学原则：开放与互动

随着素质教育的深化，课堂教学产生了深刻的变化。过去的课堂教学受应试教育的影响，注重"苦读＋考试""计算＋逻辑"的教学思路，课堂上"满堂灌"，学生处于被动地位。为了培养学生的自主意识和创新能力，根据课改的要求和社会对人才的需求，现代课堂越来越强调尊重学生的主体地位，提倡开放式的教学，鼓励师生之间的积极互动，从而实现培养创新型人才的教育目标。

开放式课堂教学从系统论观点看是整个教学过程的开放：教学过程中师生关系的开放、内容的开放、教学方法的开放、教学手段和设备的开放等；而从儿童哲学的角度看，课堂教学过程还包含教学活动的开放、思维的开放、学习进程的开放、学习方法的开放；同时，课堂教学过程也是师生之间的情感交往、沟通过程，是一个动态的、发展的、教与学相互统一的交互影响和交互活动过程，"教"和"学"之间相互联系、相互促进、有序发展。因此，儿童哲学课堂在教学中应遵循以下五个原则。

一是启发性原则。在教学中，学生是学习的主体，教师应充分调动他们的学习主动性，引导他们独立思考、积极探索、生动活泼地学习，鼓励他们提问、追问、表达不同的观点，提高他们思考和运用各种方法分析问题和解决问题的能力，激发他们多角度思考的能力，在体验和感悟中不断反思自己的观点和想法。

二是开放性原则。在教学中不以知识技能的掌握为唯一的教学目标,要体现教学目标的多元化;课堂教学的过程不在于师生追求一个标准答案,而是一个开放的、动态的过程,是一个互相学习、共同提高的过程。

三是互动性原则。教学活动中重视师生双方的互动,真正体现"以学定教,以教导学"的教学理念。

四是活动性原则。坚持围绕教学内容,通过共同参与、相互对话、沟通(书本世界、生活世界和心灵世界的沟通)和合作、探究活动,产生交互影响,以动态生成的方式推进学教活动的开展。整合家庭、学校、社会三方力量积极组织开展课内外活动。

五是实践性原则。教师在教学过程中依据学习过程的客观规律,引导学生主动、积极、自觉地掌握知识,而不是硬拉着学生走,替学生得出现成的结论。

四、教学方法:引导与启发

日本教育家佐藤学先生认为:学习是相遇与对话,是与客观世界对话(文化性实践)、与他人对话(社会性实践)、与自我对话(反思性实践)三位一体的活动。儿童哲学教育的目的是引导与启发儿童思考,借由团体合作和与他人的对话来发展讨论的能力,进而提高儿童推理、判断与创造的能力,使儿童避免过度独断,学会尊重他人的意见,并且能对他人意见做出合理判断,体验哲学思考的过程。所以在学科教学中渗透儿童哲学教育就是要使学生养成正确的学习态度,提高推理、判断、创造的思考能力,并养成随时反省、积极思考、寻求意义的哲思习惯。

(一)情境法

以王妤娜老师执教的《墨梅图题诗》为例,新课伊始,教师使用古琴曲《天风环佩》为背景音乐,让学生欣赏几幅梅花严冬盛开的画面,品析诗书画印的立意、布局、形象的表现。

(二)品读法

读是语文学习的重要手段,诗歌的读尤为重要。例如,教师通过教师范读、学生自读、指名读、齐读、有节奏地诵读、有感情和有表情地吟咏、歌唱、背诵等多种形式,引领学生由表及里,逐层深入地领悟诗歌的内涵和韵味。

(三)讨论法

参与讨论可以帮助学生提高思维能力,让学生养成独立思考的习惯。例如,教师引导学生对诗歌的表现手法和画作的立意、布局展开讨论,通过对画面整体及构图、用色、线条的感知,感受诗书画印于一体的中国书画的魅力,使学生感受自然美和艺术美,提高他们的审美能力。

（四）辩论法

辩论是哲学思辨的一种重要方式,说理式的哲学辩论可以启发人主动地去分析、思考问题,从正反两个角度辩证地看待事物。哲学家苏格拉底就常与人辩论。课堂中,教师在诗文品析之后,可组织课堂辩论,引导学生在搜集整理资料基础上,展开独立的思考、推理和归纳,形成自己的判断,并运用陈述、列举、反问等方式论证己方观点,驳斥对方的观点、论据。这样,学生对课文的理解就能更上一层楼,也可以很好地培养搜集处理信息的能力和口头表达能力。

五、教学流程:探究与转化

学校总结、提炼出小学语文渗透儿童哲学教育的基本教学模式(如图 2-1)。

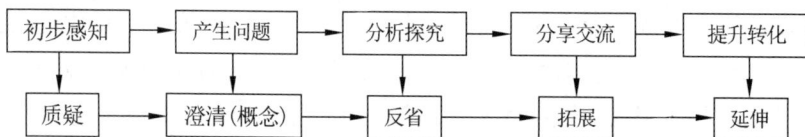

```
初步感知  →  产生问题  →  分析探究  →  分享交流  →  提升转化
   ↓           ↓            ↓           ↓            ↓
  质疑    →  澄清(概念)  →  反省     →  拓展      →  延伸
```

图 2-1　小学语文渗透儿童哲学教育的基本教学模式

（一）初步感知

以一则新闻、一个故事、一段争论、一段视频、一幅图画、一件艺术品等能够激发兴趣和促进思考的"刺激物",引发思考与质疑。这个过程包含两步:第一步,准备阶段。所有学习者先围坐成一个圆圈,接着说明探究活动的主要目标、流程和基本规则。为了促进合作交流,助力后续的听、说和思考,会开展一些比较轻松、愉悦的热场活动。第二步,抛出议题。活动的议题可以由一则新闻、一个故事、一段争论展开,也可以由一段视频、一幅图画、一件艺术品引发。任何能够激发兴趣和促进思考的东西都可以作为儿童哲学教育活动的"刺激物"。

（二）产生问题

学生在思考、质疑的基础上,产生各自的见解,提炼出自己的看法、问题,通过独立思考或交流沟通,形成意欲抛出的话题及见解。这个过程包含两步:第一步,思考时间。议题抛出之后,应该留一些时间让学习者对所呈现的材料进行研究。在这期间,可以独立思考或分享观点,也可以用文字记录下那些稍纵即逝的灵感。第二步,确立问题。将全班同学分成若干小组,请各个小组在明确本组问题的基础上,讨论本组意欲抛出的话题。

（三）分析探究

在问题发布者阐释各自问题的同时,教师安排其他同学对这些问题进行整理、分类和评估,优先解决简单问题,把重点的、有异议的问题列为后续讨论、研究的对象。在发表不同意见、举证反驳、相互补充和反思中进一步分析探究。这个过程包含两步:第一步,问题发布。在请问题发布者阐释各自问题的同时,让其他同学对这些问题及其解答思路进行整理、分类和评估。第二步,推选问题。在少数服从多数的前提下,让所有同学推选出一个问题,作为后续讨论的引子。若有必要的话,也可以请大家一起商议所有问题的先后顺序,确定孰先孰后。

（四）分享交流

每个同学分享自己的看法,不轻易"越过"任何没有发言的人,全班集思广益,共同得出结论。教师引导学生对结论(知识)进行横向打通、纵向挖掘,继续拓宽认识。这个过程包含两步:第一步,初步问答。请问题被选中的小组分享他们的独特看法,告诉大家他们所能想到的答案。第二步,广泛问答。请各个小组发表不同意见,可以举证反驳,也可以相互补充。如果大家回应不积极,讨论难以展开的话,教师也可以提供新视角或新话题。

（五）提升转化

总结、完善本课学习心得,抛出相关话题。这个过程包含两步:第一步,最终问答。请每个同学分享自己的看法,同时,不可轻易"越过"任何没有发言的人。第二步,总结评论。教师在把握活动基本流程和进展状况的前提下,自始至终都要鼓励大家对探究活动发表评论,随时请大家就可以改进和完善的环节与内容发表意见。

六、教学评价:赏识与激励

教学的魅力并不仅仅在于知识传授,还在于唤醒、鼓舞、激励,让每个学生释放出个性的光芒,进而激发出创造性思维。在小学阶段,学生对自我的评价和认识往往来源于外界,尤其是教师,因此教师在日常教学中要善用激励性评价机制,让学生通过正面积极的评价来获得学习中的成就感和收获感。在小学语文课堂上,教师的一句表扬、一个眼神都有可能造成对学生心理的某种暗示。所以,教师对学生的各种奇思妙想,先不要进行权威评价,要让学生去求证、去探索,验证和探索的过程也是学生释放出智慧火花的过程。

激励性的评价机制更要注重对学生的引导。小学生由于知识有限,对外界了解不够深入,容易受到负面信息的诱导,教师要及时把学生的思维引到正确的方向上来。例如:学生在学习了有关神话故事的文章之后,往往会产生"世界上有神仙吗"等问题,教师要捕捉学生的思维特点、思维过程,既要引导学生产生独特见解,又要帮助学生厘清思维方向,避免学生陷入唯心主义和虚无主义的旋涡。

　　教师充满赞许的一个微笑、眼神、动作都可能给学生以信心和力量,使学生情不自禁地投入到学习过程中,从而迸发出智慧的火花。在课堂上,教师不能用唯一的标准去衡量学生,要容许学生犯错误,对学生的积极回答、思考,要正确看待并充分肯定,善于运用激励的评价机制激发学生积极学习思考,提高思维能力。

　　儿童哲学关注儿童思维发展,重视儿童思维技能训练,把思维训练融入语文课程是可行的,也很有发展前景,这需要教师积极行动,让语文课有点哲学味。

第二节　懂点哲学:做幸福的教师

　　什么是幸福? 每个人对幸福的理解不同,叔本华说幸福是存在于心灵的平和以及满足中的。孟子曰:"君子有三乐,父母俱存,兄弟无故,一乐也。仰不愧于天,俯不怍于人,二乐也。得天下英才而教育之,三乐也。"[①]"塞翁失马,焉知非福。"哲学是辩证的,幸福也应该是辩证的,所以本节的主题是懂点哲学,做一个幸福的教师。每一个人都渴望幸福,教师的幸福在哪里呢?

一、用哲学的眼光去发现幸福

　　辩证唯物主义认为物质世界是多样性的统一,学生也是多样性的统一,是存在差异的,教师必须坦然接受这个客观现实。要想教好书,教师必须懂得一点哲学。《牵着蜗牛去散步》中有这样一句话:"我催它,我唬它,我责备它,蜗牛用抱歉的眼光看着我;我拉它,我扯,我甚至想踢它,蜗牛受了伤,它流着汗,喘着气,往前爬……"让人深有感触,这写的不就是班级里的"学困生"吗? 教育是慢的事业,每个人发展的规律不同,每一个孩子的花期也不同,教师只需要尽心去做,然后静待花开。

(一)发现学生的进步是老师的幸福

　　辩证唯物主义告诉我们,世界是发展的,要用发展的眼光去看世界。"士别三日,当刮目相看。"今天的"学困生"也许会成为明天考场上的"黑马"或某个领域的精英;今天的"优生"也许会退步成"学困生",一切皆有可能。

　　　　刚教完一届六年级的毕业生,又逢教师节,三五成群的孩子来看他们的老师,而我门庭冷清,虽然自我安慰:既然选择了当老师,就是选择平淡、不求回报,可是难免有些失落。突然,有一个清脆的声音响起:"黄老师!"我循声一看,这不是我们班的刘蓓恩吗,只见他背着沉重的书包、手中拿着画夹,我让他坐到椅子

---

①　杨伯峻.孟子译注[M].北京:中华书局,1960.

上,他一见面就说:"黄老师不好意思,教师节的时候没空找您。"我赶紧说:"没关系的,初中生学习很忙,不用特意来看老师。"接着我询问了他上中学的情况,蓓恩告诉我,他现在适应得挺好的,是学校里的体育科代表和英语科代表,还是宣传委员,而且这次入学考试作文成绩很好,他还打算加入学生会。听完孩子的汇报,我非常欣慰,记得从四年级时接手这个班,刘蓓恩体育和美术都不错,可语文成绩不咋地,到了六年级稍有进步,但也并不显山露水,没想到短短两个月不见,孩子进步这样大,还记得我这个小学老师。这一刻我感到了作为老师的幸福。

(二)换个角度看世界,收获生活的幸福

快节奏的生活使生活中的压力在心中一味被放大,让我们忽略了太多的美好,忽略了发现美的眼睛,忽略了随处可遇的小惊喜。所以,不妨在生活的琐碎里,给自己的心灵放个假,为自己创造幸福。学校为我们创造幸福,看,我们的女老师是那样美丽,男老师这样帅气。生活中有这么美的风景,可是以前都没有发现,是从什么时候起,我们的眼睛看不到这么美的景致,而我们的心里只有班级里调皮的孩子和永远做不完的家务活,以致辜负了生活的美丽,就像席慕蓉在《白色山茶花》中写的:"因为每一朵花只能开一次,所以,它就极为小心地绝不错一步,满树的花,就没有一朵开错了的。"它们是那样慎重和认真地迎接唯一的一次春天,而我们只是路过,生活中有很多欲望无法被满足,但路边的小草,只要我们想拥有,就可以随时去欣赏、去感悟,在人生的小满足里顺其自然。我们不妨停下脚步,欣赏这些生命的美丽,原来我们的生活除了一地鸡毛也可以风花雪月,原来幸福只需要换个角度便能拥有。

(三)多向孩子学习,收获幸福的源泉

"儿童是天生的哲学家",他们天真无邪,从他们身上可以收获快乐,他们相互欣赏、善于利用一切可利用的资源、懂得自我激励、抓住一切机会学习。

教师要给学生以幸福,自己应先成为一个幸福的人,一个懂得如何创造幸福的人。有了幸福的教师,才可能有幸福的学习,才可能有幸福的学生。所以,我们要:

> 从明天起,
>
> 做一个幸福的教师,
>
> 教书、育人、享受生活……

二、提升自身儿童哲学教学专业素养

(一)包容学生的个性化

一名合格的小学语文教师,扎实的专业基础及宽容的教学态度是必须具备的素养。在小学语文教学过程中,教师应该全面了解和把握学生的知识水平及内心情感,对学生

的个性化学习方法和特点,教师要用宽容、客观的心态去面对,在明确自己肩负育人重任的同时,要不断地学习以提升自己的专业能力和道德素质。在教学过程中,教师可以主动与学生以平等的方式进行沟通和交流,不仅能有效地消除师生之间的隔阂和陌生感,还能有助于教师更全面地了解学生的内心情感和个性特点,从而更好地从学生的实际情况出发,施以针对性的鼓励和引导,促进学生的个性化发展,提高学生的学习效率。

(二)提高教师自身的哲学素养

课堂教学不仅是教师向学生传授知识的过程,也是教师的专业水平不断提升的过程。教师应该通过自学、多渠道培训等多种方式,学习儿童哲学、教育哲学、辩证唯物主义方法论等,提升自己的哲学素养,并且努力将哲学运用到课堂教学和学生培育中,以哲学的眼光看待学生和教育。

(三)加强培养教师的儿童哲学教学能力

在小学语文教学过程中,教师利用单一的教学方法不仅有利于增强对课堂教学的掌控程度,还能使学生都处于整体、统一的管理之下。个性化教学法既需要教师倾注大量的时间和精力,要求教师掌握学生的实际情况。但是,不同的学生具有不同的想法和个性特点,"一刀切"的教育效果很不理想。因此,为了更好地展开教学活动和培养全面发展的人,教师必须采用个性化教学法,通过对学生全面、深入的认识和了解,在不断地认真观察和创新探索的基础上,对不同个性的学生给予有针对性、实用性的指导,从学生的实际情况出发,以有效地促进学生个性化发展。

三、让语文课堂焕发出新的光彩

教师的角色是一个促进者、引导者,是学生的学习伙伴。教师的主动性主要体现在课程设计上,而不是在课堂上控制学生。要实施"减负",就要把学习的主动权还给学生,让学生真正成为学习的主人。教师应该知道,创新性思维教学并非特殊的或标新立异的教学方法,它与传统的教学方法并不冲突,而是相辅相成的。教师要拥有一种追求真理、崇尚科学、独立思考的人文精神。一个迷信教材、教参的教师是培养不出有创新精神的学生的。再者,教师要发扬创新精神,提高创造能力,善于吸收最新的教学科研成果,掌握创新方法,在教育教学中不断创新、不断丰富,完善知识结构,提高教学艺术,使学生能主动地、愉快地、创造性地获得知识和能力,自由充分地发展个性。"多元智能"理论的创始人加德纳有一句名言:"每一个孩子都是一个潜在的天才儿童,只是经常表现为不同的形式。"儿童哲学让语文课堂焕发出新的光彩,每一个孩子都是可爱的、聪明的。

(一)推荐阅读儿童哲学书籍,唤醒兴趣

儿童活泼可爱、天真无邪,对这个世界充满好奇。许多古今中外文学作品中不乏哲理内涵,用这些文学作品进行哲学启蒙不但能够唤起学生探究哲学的兴趣,而且能够保护他们的哲学天性。我们建议学生们阅读儿童哲学书籍,如《谁说没人用筷子喝汤》《你能有多少奇思妙想》、"儿童哲学智慧书"丛书等,让学生们在阅读中辨别真、善、美和假、恶、丑,通过分享互相启迪,加深对哲学的理解。

除此之外,教师同样也需要积累儿童哲学教育理论知识,以提升自身的儿童哲学素养和教育哲学素养,以便更好地理解儿童的行为、心理,以及认识教学资源中蕴含的哲学元素,给予儿童尊重、宽容和引领。例如:丰泽二实小的教师们阅读了马修斯的儿童哲学三部曲等相关书籍,撰写读书笔记,摘抄书中精彩片段,记录读书感悟,并在教师教育论坛上分享和交流。

(二)依托课堂进行教学渗透,培养思维

在现实的教学活动中,"只学不疑"是一种普遍现象。原因有两个:一方面,我们的传统教育注重让学生接受前人传下来的确定知识,而不太注重培养学生的怀疑、反思、批判能力;另一方面,传统课堂注重教师权威性,没办法提供宽松的学习环境,无法以"不一定""为什么""可以用在其他方面吗"等概念升华,往往把学生刚产生的创新意识扼杀在萌芽状态。这就要求教师转变教学观念,在课堂上创设问题情境,鼓励学生发扬"初生牛犊不怕虎"的精神,大胆质疑,激发学生主动学习的热情,使学生养成良好的思维习惯。

1.创设情境,唤醒思维

悠闲的、自由的游戏情境能唤醒儿童思维,激发儿童的求知欲,引发哲学问题。教师要努力为儿童创设合适的情境,对儿童进行哲学思维训练,唤醒其思维。以北京师范大学版小学语文五年级"韵味"这一主题单元为例,对于韵味,只可意会不可言传。同样的事物,有人感觉不到什么韵味,而在有些人眼中颇具韵味。为此,在教学《我喜欢的一种花》一课时,除了课前让学生观察各种花并拍照、打印带到学校来之外,教师还把习作的素材——花,搬进课堂,创设轻松愉悦的情境,让学生上台看一看、闻一闻、摸一摸,通过近距离的观察,激发他们的想象力,开拓他们的写作思路。在这样的情境中,学生的思维逐渐活跃,平时熟视无睹的三角梅花瓣,在他们眼里充满了韵味。每个学生的感觉都不一样,有的学生觉得三角梅花瓣像大象,有的觉得它们像面具、像红唇、像飞翔的鹰……

2.引导质疑,推动思维

儿童哲学注重逻辑思维,同时注重批判性思维。儿童往往在不经意中提出各种问题,有的看似简单,却直指真理核心,发人深省。教师在课堂教学中要引导学生质疑,激发学生强烈的求知欲。例如,在教学《生死攸关的烛光》一课时,教师注重启发学生的问题意识,从

课题质疑入手："生死攸关"是什么意思？文中的"生死攸关"表现在哪里？……由此激发学生的好奇心。随着故事情节的展开，学生由外部探索转向人物内心的触碰：与他们同年的雅克和比他们还小的杰奎琳在生死攸关的时候，内心是怎么想的？在学生谈论自己的感悟和体会时，教师应适时给予引导，推动学生的思维不断走向成熟和深入。

3. 平等对话，发展思维

哲学教育最反对向学生灌输现成的知识，因为哲学思维是一种反思性思维，只能通过心灵的激荡与智慧的碰撞，或者通过对话推进自我反思，促成自我意识的发展。

（1）与文本对话。在教学《雨后》这篇课文时，教师引导学生先入情入境地朗读，再分角色朗读，最后上台表演，把内化的语言、情感通过学生自己的有声语言及体态语言表达出来。这一系列逐级递进的步骤让学生仿佛身临其境，在与诗中人物对话的过程中产生情感的共鸣、迸发思维的火花。对于小妹妹当时的心理活动，有的学生说："小妹妹心里有点害怕。"有的学生说："小妹妹其实很羡慕小哥哥。"还有的学生说："小妹妹觉得很有趣，也想像哥哥那样去试一试。"

（2）师生对话。学生们谈论的很多问题其实都富含哲理，从儿童好奇地问"真有圣诞老人吗？""长大是怎么回事？""人的一辈子有多长？"等通俗命题开始，教师也融入学生中间，与他们平等对话，最终将他们引向审美、爱、生命、认识等深刻的哲学主题。《晏子使楚》讲述了春秋末期，齐国大夫晏子出使楚国，遭到楚王三次侮辱，但他运用自己的智慧，进行了机智勇敢的争辩，不但维护了自己和祖国的尊严，而且将了楚王一军，得到了楚王的尊重。教师引导学生关注晏子和楚王的三次针锋相对，让他们的思维跟着故事的情节起伏，在师生对话中，让学生感受晏子的机智灵活、能言善辩和勇敢，感悟爱国和智慧等。

（3）生生对话。对话是儿童获得互动经验的重要来源之一，而具有哲学智慧的对话，不仅能够为孩子启智、融洽同学之间的关系，还能引导学生成为丰富、善良、高贵的人。在教学《翠鸟》一课时，当讲到翠鸟的小爪子紧紧地抓住桅杆的时候，平时喜欢百科知识的学生 A 冷不丁冒出一个问题："鸟有膝盖吗？"同学们一听也很好奇。正当教师也迷惑时，学生 B 把小手举得高高的，他告诉大家，有一本书叫《鸟有膝盖吗？》，可以去那里找到答案。于是，学生们课后带着自己的疑问去书中探寻答案、增长见识。

（三）开展丰富多彩的实践活动，提升素养

尽管儿童对哲学的表达相比成人显得稚嫩，但他们触及哲学问题的深度是不亚于成人的。所以，对儿童开展哲学启蒙教育并非不可思议，其恰恰是根植于儿童的哲学天性。丰泽二实小开设儿童哲学剧场，开展内容丰富、形式多样的实践活动，寓教于乐，不断提升学生的哲学素养。例如：进行课本剧表演，由学生们创编剧本，设计动作场景，扮演各种角色等，不但能帮助学生深入理解故事内涵，而且锻炼了学生的口语交际能力和团队协作能力；举行经典诵读活动，通过入情入境地朗诵，学生领悟和体会到哲学道理……

这些实践活动增强了学生的自信心,培养了学生落落大方的气质,提升了学生的综合素养。

孩子们是天生的哲学家,对日常生活中蕴藏的哲理,有着敏锐的感知能力,对成年人习以为常的事物有着强烈的好奇心。我们在小学语文教学中渗透儿童哲学教育,能充分满足学生的好奇心,聆听他们的心声,让思维在深入思考中发展,让思想在碰撞交流中闪光,让思辨的种子在他们的心里萌芽。学生们学会了认真倾听、辩证思维、乐于表达和勇于质疑,他们的精神世界会更加丰满,心灵会更加充盈。

第三节 学会思考:培养会思考的哲童

儿童哲学的本质也是儿童如何思考的本质。儿童哲学教育既能训练儿童的逻辑思维能力,又能提升儿童探究问题、解决问题的能力。在这个过程中将苏格拉底、康德和黑格尔等相关哲学论述,以儿童能接受的生活化语言讲述出来,引导儿童去思考其中哲理,并诱发他们发现问题、提出问题和解决问题,进一步激发他们的创造性思维。小学语文课文中包含大量的儿童哲学资源,对提升学生逻辑思维、语言能力和创新能力都有着极大的帮助。

一、创设鼓励思考的教学氛围

现代的教学理念更加注重学生的个性化和多元化发展,因此教师在语文课堂上应当注重对学生因材施教。有的学生头脑灵活、反应较快、喜欢抢答,有的学生性格较为缜密冷静,喜欢深入思考问题,教师要对学生的不同性格有所了解,并进行有针对性的引导。例如:反应较快的学生往往很难耐心地对一个问题进行较长时间的深度思考,教师可以一步一步引导他们由浅入深地思考问题;而对于反应较慢的学生,教师要有足够的耐心,给他们独立表达的机会,适当延长思考的时间。

二、鼓励打破权威,构建平等的师生关系

在传统的小学语文课堂上,教师是教学的主体,学生位于从属地位,这往往会导致师生关系的不平等,小学生长期处在这种模式下往往会养成屈从权威的习惯。因此,教师应当主动在课堂上打破统一性,不再用同一个标准去要求学生,不再为学生的答案制定统一的框架,要鼓励学生敢于反思,敢于挑战权威,敢于打破常规,破除从众心理。

当然要营造这种勇于挑战的课堂氛围,教师应当主动加强和学生的交流互动,构建和谐平等的师生关系,将课堂从"一言堂"向"人人可以发言的课堂"转变。同

时,教师也要注意培养学生的问题意识。哲学来源于好奇,而好奇自然而然会带来问题。因此,对于学生的"胡思乱想",教师不要一味地否定打压,要鼓励学生敢于质疑,培养他们提出问题的能力。例如:有的学生善于思考但不善于表达,久而久之,表达上的缺陷会影响他们思考和提问的积极性,教师可以帮助他们把问题表达出来,尽量简明扼要、直奔中心。

问题的提出只是第一步,接下来还有分析问题、解决问题等步骤。由于学生逻辑思维能力较弱,教师可以鼓励学生开展小组合作,以群体探究的方式去主动解决问题而不是等着老师解答。

三、善于挖掘教材资源,鼓励学生发散思维

小学语文教材中蕴藏着丰富的哲学教育资源,因此,教师要善于挖掘教材,以此培养学生的思维和创新意识。

例如:教师可以根据文章类型挖掘同一类文章中所蕴含的哲学道理,并提出相关哲学问题。当然教师也可以根据不同文章类型设定儿童哲学的教学目标,尤其是自然科学类、寓言故事等,教师可以提出问题引导学生去思考文中所蕴含的哲学道理。

教师还要善于捕捉学生的"灵光一现"。哲学问题并不完全是苦思冥想,还有可能是一瞬间的灵光闪现。对此,教师要善于引导和把握。

总之,儿童哲学关注儿童的思维发展和思维技能训练,要想将儿童哲学引入小学语文课堂,教师不仅要转变观念,以新的教学理念引导课堂教学,而且要注重自身能力和素质的提升,提高对哲学知识、语文知识的掌握能力,丰富知识储备。在课堂教学中,教师要善于引导、鼓励,以平等民主的姿态与学生互动,让学生敢于发言、敢于提问,同时要通过善于挖掘教材中的哲学问题,对学生进行创造性思维培养。

四、培养学生思维个性化的学习意识

在教学过程中,教师只是学生学习的引导者,而真正处于主体地位是学生自身。因此,在小学语文教学中,教师不能只是单纯地、简单地向学生传授基本的理论知识,而要通过自身的努力探索,帮助学生掌握个性化的学习方法,然后引导学生将掌握的学习方法运用到新的学习过程中,这样不仅能有效地提高学生对学习方法的实际应用能力,还能不断提高学生的学习效率。

例如:在小学语文的学习过程中,不同的学生惯常使用的学习方法大不相同,如对于课堂教学内容的提前认识和了解,有的学生习惯大声地朗读;有的学生习惯默读;还有的学生习惯先大致浏览一遍,然后将课内外知识进行有机结合,从而加深对课文内容的了解。针对学生们不同的学习方法,教师在教学过程中要积极地引导,给学生提供参

考性意见和指导方法,从而帮助学生在加强对自己了解的同时,形成适合自己的个性化学习方法,这样才能有效地促进学生学习效率的提高。

随着新课程改革的发展,教师在小学教学过程中依赖教材进行的教学活动,已经不能满足新的教学目标和学生的学习需求。这就要求教师要充分利用生活中的事物和实际案例,通过将课堂理论与生活实际进行有机结合,加强学生对课外知识的认识和积累。在小学语文教学过程中,教师除了要加强对学生课内理论知识的传授,更重要的是要拓展和延伸学生的课外知识,积极鼓励学生根据自己的爱好和兴趣选择适合自己的学习方法。这样不仅能有效激发学生的学习热情和积极性,还能提升学生的广阔性、发散性思维,从而丰富学生的课外积累。在日常生活中,语文无处不在,教师通过对源于生活的教学资源的充分灵活运用,不仅可以提升语文课堂的教学效率,还能为学生今后的深入学习打下坚实的基础。

在教学过程中,教师应该有意识地加强对学生创新性思维能力的培养,而培养学生个性化思维能力是创新性思维能力养成的前提和基础。因此,在小学语文教学中,教师要引导学生通过发挥主动性,养成独立思考的习惯,探索适合自己的个性化思维方法。此外,教师也可以通过开放性的思维题目的布置,使学生在独立完成作业的过程中激发他们的内在潜能。

第三章

儿童哲学视域下的小学语文内容教学

第一节　识字与写字：儿童哲学让汉字课堂焕发新光彩

温儒敏、巢宗祺主编的《〈义务教育语文课程标准(2011年版)〉解读》指出："识字教学的最终目标应当是：第一，积累一定数量的汉字，达到形音义全面把握；第二，在符合汉字表意性、构形系统性的教学强化下，掌握汉字构字的科学方法，以达到不教而终身识字。"培养学生科学地自主识字的能力是识字教育科学化的主要目标。因此，我们在语文教学中渗透儿童哲学教育，就要从儿童的认知规律出发，通过语文课堂教学，挖掘语文教材中能够渗透儿童哲学教育的支点，鼓励质疑、引导思考、启迪感悟，提高儿童的思维能力，促进学生语文素养的提高，让语文课堂焕发新光彩。

一、在汉字教学中凸显思辨

汉字作为语素文字，是形音义的统一体，它是不断发展演变的，有一定的哲理蕴含其中。在汉字教学中可以渗透儿童哲学教育，使学生在发展语言能力的同时，发展思维能力，学习科学的思维方法，逐步养成实事求是、崇尚真知的科学态度。

(一)汉字演变显智慧

汉字的字形演变过程蕴含着汉字的字理，教师在教学汉字时可以引导学生主动思考，润物细无声地渗入儿童哲学教育。丰泽二实小陈剑妹老师在执教《月之文化》一课时，学生对"月"字的演变过程，以及"月为什么会这样演变？"产生了极大的兴趣。学生们认真思考，积极投入探究当中，有的上网查资料，有的回家问家长，还有的去请教有研究经验的老师。通过一系列的探究，学生在收集资料的时候发现了"月"字的演变过程与月亮的形状有关系,月部的字有的与月亮、时间有关,如"期""望"等;有的与身体部位有关,如"腰""膀"等;还有的只是记号,如"朋"等。学生们在活动中领略到中国汉字的源远流长,叹服老祖宗的智慧,并学会了科学分析汉字的方法。

(二)探索字源引思辨

学习和认识一个字,也是一次哲学思辨的过程。教学时,教师可根据天气情况或结合二十四节气,向学生讲解相关的汉字或词语,引导学生讨论辨析、实践探究。2018年9月开学初期,台风"山竹"来袭,丰泽二实小的语文教师抓住孩学生们正感兴趣的话题进行谈论:

师:同学们,你们猜一猜为什么把台风叫作台风?

生1:因为它是从台湾吹来的风,所以叫台风。

师:当然不是,虽然台湾每年都有很多台风。

生2:它是不是从英语单词 typhoon 翻译来的呢?

师:虽然 typhoon 念起来很像"台风"的发音,不过,相反地,"台风"这个词是从中文音译到英文里的。

生3:我觉得它有可能是从闽南话"风台"演变而来,我们闽南话不是把"台风"叫作"风台"吗?

师:嗯,有可能,因为在闽南话中,"筛"与"台"刚好同音。

生4:那它也可能是从广东话"大风"演变而来吧?

······

学生的答案五花八门。

师:我们借助班班通、教育信息网络平台,查一查吧。

通过查阅资料,我们了解到:"台风"很可能是从闽南语"风筛"演变而来,在鲁鼎梅《台湾县志》中有"风筛,谓飓风筛雨"的说法。

学生们还把学习延伸到课外探究,有个学生找到"台"字的来源,他告诉大家:其实我们现在写的这个"台"字,金文时期就有了,也有学者认为"台"是"胎"的本字。"台"还合并替代了另外一个"臺"。这个"臺"的本义是"高台"的意思。台风的"台",应该也是借用"台"这个音,跟"喜悦""高台"没有什么关系。其实人们也造了一个字"颱",但因太复杂,大家就一直用这个"台"字。

(三)指导书写促影响

汉字的书写体现了对立统一的哲学观,教师在指导写字的时候,应引导学生注意汉字的左右相谐、高下相倾、穿插避让等,在书写的过程中给学生潜移默化的哲学思维影响。如教学《风》一课,在书写"戏"时,教师引导学生们注意左边的"又"第二笔变成了长点,就是为了给右边的"戈"的那一撇留出位置。这就是汉字的穿插避让。还要注意右边

"戈"的第一横落笔要稍微低一点,再斜上运笔。"戈"的那一撇要往下挽住"又"的长点,整个字结构要布局合理、左右对称,写出来的字才好看。

如此教学实践,既能激发学生的好奇心、求知欲,提高学生的思维能力,又能培养学生的想象力和审美能力,开发学生潜能,从而提高学生的语文综合应用能力。

(四)系统比较见奥秘——以"彡"为例

丰泽二实小的路恭进教师于 2018 年 7 月在《小学语文教学》发表的《'彡'的音形与构字作用》一文中对"彡"做了细致的研究:"彡"是汉字的一个偏旁,教学中习惯称之为"三撇"。这个名称对我们理解"彡"在构字中的作用似乎没有什么帮助。汉字是形音义的统一体,根据这个特点,我们应该问问:"'彡'的音、义是什么? 形为何是三撇,三者在构字中各起什么作用?"如果不清楚这些,"彡"就不能在识字教学中发挥偏旁的重要作用。2009 年 3 月 24 日,教育部和国家语委会联合发布了《现代常用字部件及部件名称规范》(以下简称《部件规范》),其中"彡"的读音规范为"shān"。这一规范启发了我们探寻"彡"音的构字作用,进而探究其形、义的构字作用。

1."彡"作音符

根据"彡"的规范读音,我们很容易想到常用字中的"杉""衫"二字。"杉"从木,是一种树(又音 shā,义同);"衫"从衣,本指古代的短袖单衣,后泛指衣服,如"长衫""夹克衫"。二字义异音同,都读"shān","彡"都起着表音作用。师生理解了"彡"的表音作用,对"杉""衫"二字的形音义就容易掌握了。

"参"(cān)字的"彡"旁,据李学勤《字源》(2012 年版)的研究,也是音符。很明显,"彡"以韵母"ān"为"参"表音。

要说明的是,许慎《说文》注"彡"音是"所衔切",相当于普通话的"sān"音(声母是"s"),有些解析汉字的书也依此注"彡"音。《部件规范》的读音,是根据现代语音的实际情况,之前《汉语大字典》(1990 年第一版)已注音为"shān"。我们应该按照国家相关规范教学"彡"旁。

2."彡"作意符

"彡"为何是三撇,义是什么?《说文》解析"彡":"毛饰画文也。……象形。"意思是:"彡"像须毛或者饰画的花纹,是象形字。三撇代表很多须毛或花纹。理解了"彡"的形义知识,就容易理解很多相关字。

(1)表须发

如"须"字,本义是胡须。"页"作偏旁表示人的头部,这里指脸面,与"彡"组合为字,形象地表示人面上有胡须。后来"须"也用于表示"必得"义,如"必须""无须"。

(2)表花纹

"彡"作意符表示花纹的字较多。

形:小篆作"𢒁",左旁是"开"(音 jiān,不是"开"),是音符,汉隶写成"𢒁",左旁为

"开",变成既不表音,也不表义的记号。右边"彡"是意符,表示所绘物体的线条花纹。所以"形"是半意符半记号字。本义是形象,形体,如"外形"。引申为"形状",如"奇形怪状"。又引申为"形式""形容"。

彩:采声,"彡"表示绘画的花纹。本义是华美的颜色,如"云彩""彩虹""朝辞白帝彩云间"。引申为彩色的丝织品,如"张灯结彩"。"彩色丝织品"在古代常用来奖赏给有功人员,由此引申为给在某种游戏或赌博中得胜者的东西,如"中彩""彩金";进而引申为称赞,叫好,如"喝彩"。由"颜色"又比喻引申为负伤流的血,如"挂彩"。

修:从彡,攸(yōu)声,本义是拂拭去物体上的污垢、尘土,使物体发出光彩,"彡"在这里表示光彩。由"拂拭"引申为修饰,即修整装饰让事物变得漂亮,有光彩,如"修眉""修辞""装修"。再引申为整治,恢复完美,如"修理""修复"。进而引申为修建,修造。

彪:从虎从彡(花纹),会意字,本义是老虎身上的斑纹。引申指老虎,进而比喻魁梧高大的人,如"彪悍""彪形大汉"。又由"老虎的斑纹"引申指文采鲜明,如"彪炳史册"。

"彡"作意符除了表示上述两个意思,汉字学研究认为,还表示光影、声响,甚至表示象征意义。

(3)表光影

如"影",左旁"景",从日京声,本义是日光。日光下有影子,引申为影,古代常用"景"字表示"影"义,如《管仲·宙合》:"景不为曲物直,响不为恶声美。"不过,古汉语以单音节词为主,一字多义在阅读中容易产生歧义,于是晋人葛洪在《字苑》一书中为"景"加"彡"造"影"字。用"彡"表示日光下的阴影纹,形象易懂,"影"字被广泛使用。

(4)表声响

如"彭",从彡从壴(zhù)。"壴"的小篆作"𡔷",像架起的鼓形(如图:)，上部是装饰物,下部是鼓架,中间是鼓面,是名词"鼓"的象形初文;加"彡"以表示鼓声,很形象。本义是击鼓声。引申为强劲的声音,此义后造"嘭"(加意符"口")字表示。现主要用作姓。"彭"也作"澎""膨"等字的音符。

(5)表象征

如"彬",从彡,林声。"彡"像花纹形,这里用来象征抽象的文采。"彬彬"常连用,表示文质兼备,如"文质彬彬,然后君子"(《论语·雍也》)。"彬彬"现在主要形容人的行为文雅有礼,如"彬彬有礼"。

二、在阅读质疑中思考

阅读是学生的个性化行为。亚里士多德说过:"思维从疑问和惊奇开始。"疑是思之源,思是智之本。在教学"快与慢"这一主题单元时,教师可把把儿童哲学的教学理念融入课堂,引导学生感受哲学中的相对论,让学生发现问题、质疑问难、主动探究,提高学生学习和思辨的能力,提升其思维品质。

教学《欲速则不达》一课,教师可以质疑为起点,以问题为纽带,以精细教学为追求,以学生思维发展为核心展开教学。课的伊始,教师可让学生就课题进行提问,他们的问题紧扣住课文的内容:"谁欲速?""为什么欲速?""欲速的结果如何?"而在教学《和时间赛跑》一课时,有学生提出疑问:"时间究竟能不能留住?""在时间的长河中,我们留得住的是什么? 留不住的又是什么?""对于不能留住的事物,我们究竟应该以怎样的态度来对待呢?"实际上,对这些问题的探讨,学生们已经在不知不觉中进行了哲学对话,难怪都说"儿童是天生的哲学家"。

三、在诗词启迪中发展

古往今来,在中国灿烂的文学史上,多少文人墨客留下具有哲理的诗词,让后人在诵读吟咏中获得启迪。在教学宋朝著名诗人苏轼的《题西林壁》时,对诗句"不识庐山真面目,只缘身在此山中",同学们提出:"作者已经游玩了庐山各处的风景,为什么还是无法看清庐山的整体风貌呢?"通过讨论,大家明白了,因为作者自己始终在庐山之中,视野受到了限制,不能跳出庐山来观赏它的全貌,从而悟出了"当局者迷,旁观者清"的道理。也明白了要想认识事情的真实面貌,只有走到更高、更远、更广阔的地方,才能看清楚事情的本来面目。有的学生马上想起王安石《登飞来峰》中的"不畏浮云遮望眼,只缘身在最高层",认为这与苏轼"不识庐山真面目,只缘身在此山中"的表现技法极为相似。于是,由一首诗的学习引发另一首诗的学习,大家就在对比中把这两首诗所蕴含的哲理理解透彻。

"江畔何人初见月? 江月何年初照人?"张若虚的一首《春江花月夜》引发了学生的讨论:"谁是第一个在江边看见月亮的人? 月亮是哪一年开始照到人的?"这一哲学上的追问,让学生们在讨论、思辨中感悟到诗的丰厚底蕴。在这首诗的启迪下,有的学生居然开始辩论起"是先有猪,再有人头脑里猪的形象? 还是人头脑里先有猪的形象,再有猪?"这已经涉及唯物主义和唯心主义中的"谁为第一性"的讨论了。最后辩论谁胜谁负都不重要,重要的是在辩论中,学生们的语言表达和思维能力都得到了发展。

四、在习作表达中创新

在写作教学中,教师引导学生用语言文字进行表达和交流,认识世界、认识自我,注重培养学生观察、思考、表达和创造的能力,鼓励学生自由地表达和有创意地表达。例如:教学习作《_____的我》时,教师可引导学生正确认识自我,联系平时的生活实际,自由地表达独一无二的自己。大家写出了《爱哭的我》《调皮的我》《独一无二的我》《弟弟眼中的我》《你们不知道的那个我》……

总之,把儿童哲学教育渗透到小学语文课堂教学中,既能使学生思想更开阔、思维更灵活、思路更清晰,也能帮助他们更敢于提出看法,做出自己的判断,让语文教学充满思辨的哲理,让语文课堂焕发崭新的光彩。

第二节　阅读与鉴赏:儿童哲学让小学语文"悦"读

21世纪是一个知识经济时代,自主创新能力已成为国家核心竞争力的决定性因素,培养创新型人才,提高人的综合素质成为每个国家的重要课题。正如习近平总书记说的那样:"创新是一个民族进步的灵魂,是一个国家兴旺发达的不竭动力,也是中华民族最深沉的民族禀赋。"创新精神要从娃娃抓起,创新精神是一蹴而就的吗?当然不是,它需要从小培养,富有创造力的成功人士都有一个普遍的特质:善于思考。如牛顿看到苹果落地就会思考:为什么苹果是落到地上而不是飞到天上去?瓦特看到水壶里的水顶开壶盖,也会思考:为什么水可以顶开壶盖呢?既然善于思考那么重要,那么,如何在小学语文阅读与鉴赏实践中培养学生的思考习惯呢?

一、在阅读与鉴赏中培育儿童的思考兴趣

(一)精心设计,激发思考的兴趣

在教学中,要主动激发学生思考的兴趣,课堂提问需要教师在备课时进行精心设计,问题要设计得巧妙合理,才能够激活学生的思维,启发学生去探索、去发现,从而获得知识。如在教学《三月桃花水》一文时,我在孩子们读完课文后问:课文主要写的是什么?孩子们告诉我写的是春天的水,我又接着问:那么本课题目为什么不直接取名为《春天的水》?经过思考后有的同学说,因为课文插图里河岸边种满了桃花,桃花的花瓣纷纷扬扬落到水面,顺着水向前流淌;又有同学说三月就是春天的意思;接着又有同学补充说,"三月桃花水"不仅写水,还写出桃花落到水里的美丽景象,比《春天的水》更能让人们产生丰富的联想。我总结道:"是的,文章的题目不仅要体现主题,也要激发人们的阅读兴趣,如果是写景类的文章,题目还要给人以美感。"在这里,通过质疑,孩子们学到了文章取名的艺术,思维也得到了训练。

(二)创设氛围,体验思考的乐趣

心理学认为:一个人如果总是处于一种兴奋的、愉快的状态,他的思维就会有超常的发挥,他接受外界信号的速度就会非常快。这就是说,作为一个教师,课堂上必须注意营造一种和谐愉快的气氛,让学生时刻处于一种轻松自如的情绪中,那么无论是记忆,还是思维,都会得到最好的发挥。以往教师总爱以"讲"为主,喜欢"一言堂",这样课堂上

就经常出现有疑不敢问的情况,学生学习得十分被动,违背了教师是学生的合作者、引领者的课标精神。所以,教师应改变观念,转化角色,在教学中营造一个宽松和谐的教学氛围,建立平等、民主的师生关系,消除学生的畏惧心理,鼓励学生大胆质疑,同时要设法保护学生发问的积极性。许多名师在上课时善于培养学生的问题意识,福州教育学院附属第二小学何捷老师上《情节!情节!》这堂作文课时,为了打开学生的思路,何老师先用图片展示了老人和猫的背景图片:孤独的老人过生日时只有猫在陪伴,随后又配以哀伤的音乐,加上老师煽情的旁白,激发孩子强烈的共鸣,许多孩子触景生情,有的甚至轻声啜泣起来,课堂的气氛达到了高潮。这时何捷老师趁机提问:你们知道这位老人是谁吗?为什么老人过生日时只有猫在陪他,老人的亲人呢?课堂顿时沉寂下来,学生们默默思考,这时何捷老师又趁机发问:同学们还可以提出多少个问题,把它们写在纸上。教室里响起笔尖在纸上沙沙作响的声音,老师边巡堂,边激励大家:提三个问题的同学站起来,提五个问题的同学站起来。陆续有几个同学站起来⋯⋯同学们的好胜心被彻底激发起来,甚至有的同学提出了十二个问题,课堂气氛热烈!

(三)积极评价,学会语文鉴赏

孔子曾说"学而不思则罔",可见思考对学习者的重要性。一个优秀的教师总是善于引领学生通过思考问题、探究问题获得对知识的认知,而不是把问题的答案直接塞给孩子。没有经过思考消化的知识对于学生来说是没有用的,用不了多久就会被遗忘。所以在阅读教学中,教师要善于组织问题,通过对问题的设定和解决达到知识教学的目的。黑龙江牡丹江市教育教学研究院小学语文教研员赵昭在执教阅读课《自己的花是让别人看的》的做法非常值得我们借鉴。

赵老师制定了一个评价表(如表3-1所示),让学生们对自己学习此次课程的收获进行评价。

表3-1　评价表

序号	评价内容	评价打分
1	知道文章的作者是谁	
2	能正确、流利地朗读课文	
3	能说出课文主要写了什么	
4	会写本课的生字新词	
5	知道"莞尔一笑""花团锦簇""姹紫嫣红""应接不暇""耐人寻味"等词语的意思	
6	能用课文中的一句话概括作者想告诉我们的道理	
7	能够理解"人人为我,我为人人,我觉得这一种境界是耐人寻味的"和"变化是有的,但美丽并没有改变"这两句话的深刻含义	
8	通过思考,能够提出一个关于课文的有研究价值的问题	

序号	评价内容	评价打分
9	能够在理解的基础上背诵课文第三自然段	
10	能够有感情地朗读课文	

这个评价表设计得非常巧妙,问题由易到难。与其说这是评价表,不如说是教师设计了十个问题,让学生通过依次解决十个问题,来达到学习的目的。教学结构清晰,教学效果也很好。

(四)善于鼓励,保护思考的积极性

在学生的眼里,教师是他们非常崇拜的人,经常能听到家长说:"老师一句话顶得上家长的十句话。"可见,教师的一言一行对学生的影响非常大,教师如果经常表扬那些善于思考的学生,喜欢学生大胆质疑,学生也会更乐于思考。即使他们的问题天马行空,教师也要先肯定学生的想法。一个班有几十个学生,由于学生个性的差异,所提的问题可能五花八门、良莠不齐,有的问题质量好、价值高,有的问题质量一般,价值不大,但不管怎样,这些问题都是学生主动思考的成果,理应得到尊重。因此教师要善待学生提出的问题,善待提出问题的学生,对有价值的问题,要引导学生认真探究解法;对没有价值的问题,要区别对待,采取妥善的方法给予处理,保护、鼓励学生发问的自尊心和积极性。对学习"后进生",更要"高看一眼",切不可对他们有丝毫鄙夷的神态和挖苦的语言,也不可对他们的问题置若罔闻、敷衍搪塞,以免挫伤发问者的积极性和求知欲望。

儿童都是天生的哲学家,每一个孩子都有无限的可能性,需要教师小心翼翼地呵护他们幼小的童心,保护他们的自尊心、创造性,因材施教,用心培养他们的思考习惯,让他们的创造之花在教师的阳光雨露的滋润下,盛开得更加绚丽、更加芬芳。

二、对儿童个性化阅读插上思考的翅膀

在儿童哲学视野下,我们欣喜地看到了学生阅读的春天,看到了民族的春天,《义务教育语文课程标准(2022年版)》指出:"阅读是学生的个性化行为,不应以教师的分析来代替学生的阅读实践。应让学生在主动积极的思维和情感活动中,加深理解和体验,有所感悟和思考,受到情感熏陶,获得思想启迪,享受审美乐趣。"《义务教育语文课程标准(2022年版)》又提出:"阅读教学是学生、教师、文本之间的对话过程。"我认为它包含三层意思:一是教师与文本之间的对话;二是学生与文本之间的对话;三是教师与学生之间的对话。其中教师是实现学生和文本对话的"红娘"——为学生与文本牵线搭桥,创设沟通的途径;学生是实现阅读对话的主人——在整个阅读教学过程中,学生将主动地与文本说、与教师说、与同学说,说出自己内心的感受,说出自己精辟的意见,说出自己独特

的见解。实现个性化的阅读,既能发挥学生的潜能,锻造学生的人格,又能发展学生独特的语言思维能力和语言感受能力。因此,它是一种个性化行为。那么,怎么引导学生阅读,让个性化阅读之花越开越美丽呢?

(一)创设愉快的阅读氛围,为个性化阅读搭建理想的平台

有一种说法:"儿童是成人之父。"成人在教育儿童之前,先要回忆自己的童年,努力站在儿童的角度去理解、尊重儿童,根据儿童身心发展的规律,为儿童实现自身的潜能提供所需的帮助。

在教学中,教师应千方百计地营造宽松的教学氛围,给学生充分的阅读时间,让学生自主选择学习内容、学习方式和学习伙伴,充分调动各种感官,读出感觉、读出味道、读出情趣。学生在良好的个性化阅读氛围中,会有"心理安全"和"心理自由",才能积极地思考,去把握、分析和赏析课文,使阅读成为个人化的行为,同时形成自己独特的阅读感受。

1. 让学生自主选择学习内容

在进行个性化阅读时,学生是学习活动的主体,教师应充分尊重学生的选择,在教学中给学生自由活动的时间和空间,让学生自主取舍学习对象。在新课改后的课堂上,我们常能听到这样的课堂用语:"选择你喜欢的自然段来读一读。"这说明教师在教同一篇课文时,可以给学生自主选择阅读材料的权利:学生可以根据自己的学习基础和阅读兴趣的不同,自主选择学习内容,进行重点阅读。这样将会充分激发学生学习语文的情感,将教师的"要我读"转化为"我要读",从而发展阅读个性,提高阅读水平。例如:在学习《小镇的早晨》这课时,有的学生喜欢"安静的小镇",有的学生喜欢"热闹的小镇",有的学生喜欢"忙碌的小镇",学生喜欢哪一种小镇,就让他(她)先学习这一部分内容。学生对自主选择的内容,读得有情有感,说得有理有据,学得有滋有味,很有成就感,收到了较理想的阅读效果。其他课文如《让我们荡起双桨》《国徽》等课的教学,也可以让学生自主选择学习的内容。

2. 让学生自主选择学习方式

每个学生的知识水平不一,又具有不同的兴趣、爱好,表现出不同的个性。在阅读中,读到动情处,有的学生喜欢大声朗读,有的喜欢静静思考,有的喜欢提起画笔,也有的喜欢带着自己的感受边表演边读……因此,教师在教学中要尊重学生的个性差异,鼓励学生选择自己喜欢的、适合自己的最佳学习方式来理解和感悟课文,教师再加以适当的引导,就会取得意想不到的效果。学生通过有感而发,有疑而注,有得而写,满足个体学习的需要,促进个性品质的发展。当学生自主选择自己喜欢的学习方式阅读时,他们会学得主动、自觉、轻松、愉快,把学习当作一种享受,而不是被迫的痛苦和无奈。例如:在学习《我想》这课时,可以鼓励学生用自己喜欢的方法学习,可以美美地朗读,可以边表演边读,可以用批注,可以用画画的方式画出各种各样的幻想等等,体现了学生学习方式的自主性、多样性。教师给予了学生充分展示自己才能的机会,学生便学得主动积极,读书效率也提高了。

3. 让学生自主选择学习伙伴

学生在个性化阅读中会有各种各样的体验,那么他们必然希望和别人交流,和别人分享自己的见解,体验成功。教师要使学生的个人体验能得到很好地表述和交流,可以鼓励学生自主选择学习伙伴,学生可以选择和老师交流,可以找要好的伙伴交流,也可以回家和家长交流等等。交流的方式有朗读、讨论、辩论、表演,学生在体验与交流中、观点的相互碰撞中,把握自己的理解程度,判断与目标的差距,反思自己并采取各种帮助自己思考和增进理解的策略,最终实现对课文全面、深入的理解和掌握,使学生真心喜欢阅读,热爱阅读,学会从阅读中获得乐趣。

(二)端正教师的教学思想,让个性化体验淋漓尽致地表达

教师在创设宽松愉快的环境后,学生的思维活跃起来了,就会产生千奇百怪的问题和答案,此时,我们就应该让学生脑中个性化的见解和感受及时地释放出来。

1. 让个性化的提问更自由

儿童是天生的哲学家,具有与生俱来的好奇心和探究欲,他们好学、好思、好问,是对这个世界抱有最多惊奇之心的人。儿童哲学教育的课堂教学目标为:发展学生思维能力;培养学生探索问题的能力。所以,教师在阅读教学活动中,要时刻注意发挥自己的主导作用,引导学生勇于质疑,不迷信阅读文本和教师,积极展开讨论,多从不同的角度来解释,这样,学生的个性化阅读才有质的提高。但在现实的教学中常常事与愿违,一位老师在教学《七色花》时,有一位女同学"噔"地站了起来,大声提问:"请问老师,为什么珍妮不利用七色花来到我们中间,为我们班级服务呢?"那位教师一脸茫然,继而不耐烦地说:"珍妮在外国,怎会跑到我们这边来? 你以为真有那么神奇的七色花吗?"天真的脸、纯真的心,决定了孩子思维的单纯性,但是往往在这看似"单纯"的思维表象下,隐藏着的都是具有丰富的想象力、强大创造力的"童心妙语"。那些极极个性化的提问是学生思维扩散的极好契机,教师何不好好利用并加以鼓励,以促使他们的提问更加个性鲜明,以便更有效地帮助他们理解课文呢。

2. 让个性化的表达更尽兴

语文教学要真正体现"阅读是学生的个性化行为",教师就应该重视学生的不同的心理感受,鼓励他们大胆地说出想要说的话,而且尽量让他们说得尽兴。

比如,教授《一只小鸟》一文时,我们老师都有这样一个问题:这只小鸟后来会怎么样呢?

学生甲:小鸟后来死了,因为从文中的"它的血从树隙里一滴一滴落到地上来"这句话可以看出,小鸟已经不会再为孩子们歌唱了。

（大部分老师到这里就结束了，因为这样的结局已经体现了孩子们不负责任招致的恶果。）

师：想得很合理，还有没有不同的结局呢？

学生乙：小鸟被救活了，可小鸟一家搬走了……

一位女生怯怯地说："老师，我想小鸟在老鸟的悉心照顾下，身体康复了，又会出来唱歌给孩子们听了。"

（全班哄笑，教师制止发笑的同学，用目光鼓励她往下说。）

那位女生接着说："因为小鸟知道那些孩子已经认识到错误了，所以原谅了他们，继续为他们歌唱。"

（教师带头鼓掌，教室顿时响起一片掌声，这时话匣子打开了，教师索性由学生去想象，去"创作"。）

有的说："当小鸟出来唱歌时，有的孩子还会带来乐器为它伴奏，有的孩子会为它鼓掌喝彩，有的孩子会为它伴舞。"

有的说："孩子们为了赎罪，还在树上搭了个小屋子——给小鸟安家。"

……

（三）及时化解误读，为个性化阅读养成正确的审美观

强调阅读活动中学生的自主性并不是要教师放弃对于阅读活动的主导作用。其实在学生的个性化阅读中，教师一定要注意保持自己的主导作用，要关注学生的阅读审美经验。由于学生自我经验的局限性，在个性化阅读中，学生不免会有一些不正确的理解，有的甚至有点荒谬，这种理解往往与文本意义大相径庭，闹出一些笑话来。对学生的这些体验，教师要多一些尊重，多一些交流，要向学生敞开心扉，加强师生、生生之间的交流，从中了解学生的理解方式、水平，并给予引导纠正，要发挥教师的主导作用，引导学生形成正确的审美观，这是对学生的将来负责任。

例如：教学《落花生》一文，学生对"花生""桃子""石榴"的理解往往会引起争论。文本的意义在于告诉我们：做人要像"花生"一样，做对人们有用的人。如果有人提出"我们不能学习'桃子'和'石榴'，因为它们外表漂亮，内心却很丑恶"，这种观点就是一种错误的解读。出现这种错误性的解读，我们老师首先要宽容，尊重学生的见解，允许学生在个性化阅读中产生错误；其次，对学生必须有一个明确的态度，对错误的解读不能不置可否，更不能为了课堂的活跃，对学生进行鼓励表扬，错就是错，要及时让学生明白错在哪里。《落花生》一文旨在使学生理解做人的真谛，教师要引导学生从语言表达形式上仔细体会父亲的话的含义。文中的"石榴""桃子"是作为"花生"的反衬存在的，借物喻理的文章，所借之物都是取其一点，花生取其外表不美却很实用，桃子、石榴取其外表好看来反衬出花生的优点，并不是说它们不实用或将其理解为内心丑恶。

(四)拓展延伸文本,是个性化阅读永不枯竭的动力

个性化阅读是建立在学生大量阅读的基础上的。然而,在传统的语文教学模式中,教师往往特别强调对课本上文章的精讲精读,结果导致学生的阅读视野狭窄,从而对阅读失去热情。因此,教师要千方百计把学生的阅读视野引向课外,引向一个更广阔的空间,加大课外阅读量,鼓励学生读有益的书和各种报刊,鼓励学生在网上阅读。学生能够从中获取丰富的精神养料,受到情感的熏陶,获得思想的启迪,享受审美的乐趣,从而提高他们的语文素养。这正体现了丰泽二实小儿童哲学教育总目标:发展人文素养,培养道德品质;发展科学精神,培养创造力;启迪智慧,提高推理能力;自主发展,提高人际交往能力。

只要教师牢记课程标准中关于个性化阅读的理念,在阅读教学中,善于创设丰富的情境,为学生与文本架起一座阅读对话的桥梁;善于细心呵护学生的独特感受和体验,热情鼓励学生的创造和智慧;善于给学生一块宽松、和谐、民主、激励的土地,让学生多说、多议,说出"赤橙黄绿青蓝紫"的多种个性,说出绚丽多彩的课堂教学;做到学生的自主性和教师的主导性兼顾,课内和课外阅读结合,相信个性化阅读的花会越开越美丽!

三、让经典名著阅读滋养儿童的心灵

名著,是"具有推崇价值的有名的作品"。经典名著的价值在于典范语言的熏陶,在于心灵的滋养,在于对人类精神的终极关怀。名著阅读使学生打破时空的界限,与文学大师进行思想的碰撞、心灵的对话,用学生特有的视角去感受语言文字带来的魅力,为学生终身发展奠定牢固的情感基础。我尝试着从以下几方面入手,效果不错。

(一)趣味引路,乐于阅读

1. 巧用课堂阵地,激发阅读兴趣

在课堂上,教师可以根据课文内容,运用选读名著精彩片段,插播名著中的故事梗概,介绍背景等方法,设计悬念,勾起学生的好奇心。如学习《美猴王》一课,学生对机智勇敢的美猴王充满了好奇心,着急知道他在护送唐僧上西天取经的路上发生的故事。教师顺势对学生说:"这篇课文选自吴承恩的《西游记》,要想知道美猴王的更多趣事,请大家阅读原著。"美猴王,孩子们最喜爱的人物,《西游记》中的美猴王长什么样? 他的出生和我们一样吗? 他有哪些特别的地方? 这样,学生对作品的向往和期待也就水到渠成,读起来自然就特别投入,也更有亲近感。在教学中,要善于抓住恰当的时机,适时引导,唤起学生的阅读兴趣,让学生主动去思考,用孩子的视角去思考阅读中的一个个问题,去探析人物之间的关系。

2. 利用电视网络,吸引阅读兴趣

直观的形象容易引起人的注意,可以从学生热衷的影视、音像入手。中央电视台的《百家讲坛》节目,每到精彩处,那一句"欲知后事如何,且听下回分解"真让学生"恨之入骨"。由董卿主持的红遍大江南北的《中国诗词大会》和《朗读者》激起了千万不同年龄不同职业的人对阅读的兴趣,更吸引大批学生阅读原著。

(二)开设活动,营造氛围

对阅读感兴趣的孩子,读起书来爱不释手。而营造良好的阅读氛围,磨炼他们的阅读意志离不开教师的引导,因此,教师需开展各种活动,在活动中有意识地引导孩子用哲学的思维去评析,去激发学生对名著的探索兴趣,可以尝试开展如下活动:

(1)在班级开设"名著一角"——鼓励学生把自己的心得体会、读书笔记、读书简报等张贴出来,和同学们一起欣赏、相互点评、一起学习、取长补短。

(2)开展"好书推介"活动,让学生主动分享自己读书所得:书中引人入胜的故事内容,耐人寻味的精彩句段,富有个性的独到体会等,分享者由此得到大家的赞赏,获得成就感。

(3)开展"名著知识知多少"的游戏或知识竞赛,让学生们在快乐的游戏中或紧张的竞赛中增长知识。

(4)举办"名著故事会"和课本剧表演活动,让孩子们通过绘声绘色的讲故事和活灵活现的表演,加深对名著的理解和领悟。

通过这样一系列的读书活动,同学们的课外阅读兴趣会越来越浓,阅读水平也会越来越高。

(三)教给方法,引领阅读

1. 教给阅读方法

名著对小学生来说,读起来还是有一定的难度,因此教师一定要教给孩子阅读的方法,由浅入深、由篇章到整本书,循序渐进,激起学生阅读的欲望和兴趣。而要让学生一时的兴趣成为终生的热爱,使他们与作品产生心灵的碰撞与交流,就必须在语文阅读教学中指导他们掌握一定的阅读方法,帮助学生养成良好的阅读习惯。

(1)精读。在课堂上,教师精心挑选名著中的重点片段进行指导阅读,指导学生学会在文中做批注,领悟精彩语段在文中的作用,揣摩人物的性格、品质等等;还可以指导学生对作品的重要细节、关键情节、话外之音等静心细读。慢慢品味文章的立意构思,揣摩文章的布局谋篇,欣赏文中妙词佳句等,获取一定的认知或情感体验。教师讲清名著的读法,做好示范,学生就可以触类旁通地深入阅读,在体会深的地方做好标注。

(2)泛读。即广泛阅读,指读书的面要广,要广泛涉猎各方面的知识,具备一般常识。"见多识广义,学才遍天地。"为了开阔学生视野,丰富知识,教师应该引导学生广泛地阅读名著,让他们根据自己的喜好、兴趣和特点,浏览自己所要的信息。经过自己的捕捉、获取、汇集,学生进一步明确,只有博览群书,才能提高阅读速度,才能在较短的时间里,获得更丰富的知识,从而提高自己的语文能力。

2. 掌握名著要点

为了帮助学生更快地掌握名著脉络、人物关系,教师要引导学生建立简单的名著信息卡,如作者、主要人物、主要人物之间的关系、主要事迹、主要人物的性格特点、经典语录等,可以根据不同书目制定不同的信息卡,鼓励学生个性化制定信息卡,如表格式、图式等,以激发他们的阅读成就感和兴趣。学生通过制作个性化名著信息卡的阅读实践,快速掌握名著要点,提高阅读质量。日积月累,能够极大地丰富学生的语文知识,使他们掌握灵活地运用快速阅读技巧。

3. 学会积累方法

俗话说:"好记性不如烂笔头。"读写结合,效果更佳。下文分享几种记读书笔记的方式。

(1)摘抄精彩语句和好段。

(2)概括某一故事情节或主要人物的性格特点以及自己对这个人的评价。

(3)优美地诵读喜爱的语句片段

(4)读写结合,"读一本好书,就是和许多高尚的人交流"。在阅读的基础上,可以让学生写读后感,也可以根据一个片段、一段情节、一句话确立一个中心,进行改写、续写、扩写、缩写、仿写等练笔活动,用多种形式汇报自己对名著阅读的独特体验和思考。

一部经典名著能温暖孩子的心灵,打开孩子美好的感觉世界,激发他们心中温柔的、微妙的感觉。小学阶段孩子们已经能初步运用哲学思维,综合运用阅读方法去阅读经典名著,不仅为学生今后的语文学习打下基础,而且有利于学生受到规范语言的熏陶,得到心灵的滋养。

四、于多角度精读课中培养阅读技能

精读课是培养学生阅读技能的基本课型,在精读课中指导学生多角度、有创意地阅读,是培养学生探究性阅读能力和创造性阅读能力的重要途径,教师在精读课教学中致力于开启学生的智慧之门,落实儿童哲学教育理念。

(一)阅读顺序的多角度

阅读顺序有以下三种:循序阅读、变序阅读、以点带面。教师在教学中可根据课文特点和个人的阅读习惯,自由选择。

1. 循序阅读

所谓循序阅读,指的是按文章的叙述顺序沿着作者的思路去读。阅读时,可以把课文分为几个部分,然后一部分一部分深入地阅读。每篇课文都可以用循序阅读的方法。

2. 变序阅读

所谓变序阅读,就是不按课文的叙述顺序,而是先抓住文章结尾或文中的重点部分,如重点段、过渡句进行理解,然后在其牵动下,理解全篇。变序阅读是从重点的地方突破,有利于培养思维的变通性和深刻性,也有利于提高阅读效率。如对《一夜的工作》一文,可以先理解课文结尾部分,特别是点题的句子:"我看见了他一夜的工作。他是多么劳苦,多么简朴。"然后联系上文思考:周总理工作劳苦、生活简朴分别表现在哪些地方?"我"有什么感受?对《赵州桥》一文,可以先抓住"这座桥不但坚固,而且美观"这一过渡句,然后分别找出写"坚固"和"美观"的部分请学生加以领会。

3. 以点带面

所谓以点带面,就是抓住文中可以拎起全文的关键词句,把全文的主要内容串起来,抓住文章的主要思想内容。例如:对《桃花心木》一文,教师在通读全文以后引导学生思考:课文中哪个词语最重要?找到"不确定"这个词语以后,再启发学生思考:课文写了哪两方面的"不确定"?应该怎么做?从而凸现阅读重点,丰富阅读经验。

(二)阅读方法的多角度

1. 朗读涵泳

所谓朗读涵泳,就是动情朗读和揣摩体味。朗读,能得语言的声韵之味,情趣之味;揣摩,能得语言的思辨之味,体会到语言的表达之美。如《向往奥运》一文,文字激情飞扬,教师应引导学生在反复朗读中体会作者发自内心的民族自豪感和对奥运精神的向往。此文又具有高超的语言表达技巧,应引导学生仔细揣摩体会。如"这一天终于到来了"是一句很平常的话,作者却用它在篇末独立成段,戛然而止,作者为什么要这样写?可以这样引导学生思考:这一天指的是哪一天?为什么用上"终于"这个词?通过对课文的揣摩,使学生认识到,我国申奥成功的不容易,当这一天终于到来时,作者再也抑制不住澎湃的激情,"这一天终于到来了"是作者激动心情的倾泻。

2. 疑问思辨

疑问思辨,就是指在阅读的过程中,要善于发现问题、分析问题、解决问题。

首先,是从疑入手。如《"精彩极了"和"糟糕透了"》一文,可以由题质疑:"精彩极了"和"糟糕透了"这意见相反的两句话分别是谁说的?作者有什么感受?其次,是带疑读书,要带着上述问题认真读书,寻找答案。敢于质疑、善于质疑,是真正阅读的开始,也是分析问题、解决问题的前提。

3. 比较阅读

比较是认识事物的一种基本方法,也是深入理解文章思想内容和体味文章表达之妙的方法。比较阅读,可以是同一篇文章中的遣词造句的比较、思想内容的比较,也可以是同别的文章在内容上、形式上的比较。例如:《荔枝》的结尾句是"而今,荔枝依旧年年红",可以让学生想想去掉这句话和保留这句话,在表达效果上会有什么不同。让学生认识到这句话,表达了对母亲的无限怀念,能产生一种震撼人心的力量,而没有这句话,表达的效果就明显削弱。又如,细节描写是这篇课文的另一个显著特点。为了让学生更好地体会细节描写的作用,可以把课文中描写母亲吃荔枝的一段话,同其他概括描写的话(由教师设计)加以比较。通过比较,学生可以深切地体会细节描写对表情达意的作用。

4. 表达阅读

表达阅读,是精读的有效方法之一。它是指通过各种语言实践活动将阅读内容、阅读感受等表达出来,以深化阅读、增强阅读体验。表达阅读包括口头表达阅读和书面表达阅读,二者均可在一定的情境中进行。

口头表达可以是复述,可以是模拟导游、模拟采访,也可以是模拟辩论。如《林海》一文,可以模拟导游,介绍林海风光;《凡卡》一文,可以模拟采访,采访凡卡的学徒经历;《"精彩极了"和"糟糕透了"》可以模拟辩论:是"赞赏的爱"好呢,还是"严厉的爱"好?……书面表达可以是缩写,如缩写《小英雄雨来》;也可以是扩写,如扩写《放风筝》的第二自然段,把想到的风筝写出来;或者是续写,如根据《穷人》的结尾续写;还可以是仿写,如仿照《落花生》的写法,写借物喻人的习作;也可以是写读后感、导游词、采访记,还可以是小剧本等。

5. 学科融合

情节性强或对话多的课文,可以借助表演加深学生对课文的理解。形象性强易于构成画面的课文,可以让学生画一画,通过图画表达能够进一步理解语言文字。如《陶罐和铁罐》一文中对话多,适合演一演;《燕子》一文画意浓,可以画一画。

(三)阅读角色的多角度

《义务教育语文课程标准(2022年版)》指出:"阅读的过程,是学生、教师、文本对话的过程。"在对话的过程中,可以进行角色的换位,或把别人当别人,或把别人当自己,或把自己当别人,或把自己当自己。

1. 把别人当别人

所谓把别人当别人,就是指在阅读的时候,尽量不带个人的主观色彩,尽可能客观地理解文本的原意和作者想要表达的思想。如阅读一篇文章,先通读全文,了解大意,再一部分一部分地读,了解每一部分的意思,最后把各部分的意思连起来想一想,文章究竟要表达什么思想。这就是把"把别人当作别人",其是提高阅读能力最基本的训练。

2. 把别人当自己

把别人当自己,就是指在阅读的时候,要把自己摆进去,把自己想象成文中的一个角色,自己怎么想、怎么做、有什么感受。如《小抄写员》一文,读的时候把自己摆进去:假如我是这位小抄写员,蒙受那么多的委屈,还能坚持下去吗?通过移情比较,能深刻地认识到小抄写员对父亲深沉的爱及对家庭强烈的责任感。

3. 把自己当别人

把自己当别人,就是在阅读的时候,把自己当成作者,根据作者的描述,和作者一起去感受，去体验。如《记金华的双龙洞》，文中有一段描写经孔隙从外洞进入内洞的感受。在阅读这段文字时，教师可提示学生：你就是"作者"，船就要拉动了，请凭借文中的描述展开想象，体验作者当时的感受。又如《荷花》一文，可以想象自己就是池塘里的一条鱼、小荷上的一只蜻蜓，想象看到的景象。把自己当作作者或文中的一个角色，凭借文字描述去体会，有助于入境入情，提高对语言的感受力。

4. 把自己当自己

把自己当自己，就是保持自己的本色，假想在文章所描写的情境中，自己会怎么想怎么做，唤醒主体意识、个性意识。如《古井》一文，学完课文以后，可以"乡亲们，我想对你说"为主题，谈学习体会；《登山》一文，可以"假如和列宁一起去登山，你会怎么做"为主题，让学生谈谈学习体会。

阅读的多角度是综合的，往往可以是阅读的顺序、方法与阅读角色的不同组合。应强调的是，多角度的阅读不是目的，有创意地阅读，培养创新意识和提高阅读能力才是目的。因此，我们要着眼于提高学生的语文素养，运用多角度、有创意的阅读指导策略。

五、儿童哲学视角下的语感教学探索

"熟读唐诗三百首，不会作诗也会吟。""读诗百遍，其意自见。"强调的就是诗歌教学中"读"的重要作用。"书声朗朗"应该是学校的特征。

语文课本中所学的诗歌，尤其是古诗，都是艺术精品，语言精练，有很强的艺术魅力，只有通过反复朗读，才能体会作者所抒发的感情。可是，现在部分学校为了应付考试，语文课堂总是被教师的讲解和大量的"知识点"练习所占据，学生没有熟读精思的时间。洪宗礼说过："读书不能只停留在字音和表面字义上。"要在读中精思、悟神、明理，这样读书才能真正读出书中之"味"。好酒不品不知其味，同样，好文章不品不知其美。因此，对好的诗歌，教师必须引导学生熟读成诵，在诵读中唤起情感、体味语言运用之妙，达到整体感知的目的，也只有反复诵读才能增强学生的语感。

什么是语感呢？语感就是我们对语言文字的敏感性，这种敏感性只有在对语言文字的反复朗读中才能培养起来。如何在诵读中培养学生的语感呢？我认为应该从以下三个方面着手：

第一，教师范读，让学生整体感知。在学习一首诗歌时，为了培养学生的语感，可采取多种朗读方法。"文章不是无情物"，好的文章大多是作者感情的产物，在语文教学中要培养学生的语感，就必须"动之以情"，通过教师深情的朗读创设情境，激起学生情感的浪花。教师要用自己火的热情、美的感情去感染学生，去拨动学生心中的琴弦，让学生有一种如沐春风、心旷神怡之感，使他们沐浴在教师情感的春风中，培养自己的语感，达到"心领神会""得意而忘言"的境界。这也是学生对经典作品的整体感知过程。如王维的："大漠孤烟直，长河落日圆。"学习这首诗时，学生先闭上眼睛听教师范读，调动自己的生活积累,想象作者所描绘的画面,然后,请学生用自己的语言将作者所描绘的意境直观地表达出来。

第二,把握思路,分析语感。在教师表情朗读、学生整体感知的基础上,教师应适当讲解和提示,引导学生理清并把握作品的思路,带领学生做好人物形象的分析和语感分析,这是诗歌教学中的主要环节,教师在教的过程中要善于运用提问,启发学生的想象和联想。比如王维《使至塞上》这首诗,作者为什么要给"孤烟"加上"直"字?这样写可见没有一丝风,当然也没有风声,于是带来了寂静的印象;给"落日"加上"圆"字,并不是说唯有"落日"才"圆",圆圆的一轮落日,不声不响地衬托在长河背后,这又是多么寂静的境界啊!

第三,指导朗诵,训练语感。诗歌是以感情来感染读者的文学作品。因此,人们对诗歌的朗诵就有更高的要求。感情必须真挚,要掌握轻重缓急的节奏,以及抑扬顿挫的音调。诗歌朗读教学有一个从机械朗读到理解朗读,再到表情朗读的过程,这个过程不是孤立存在的,而是伴随着讲解的活动,包括教师的启发、提问、解说,学生的答问、讨论等一起进行的。教师要善于以朗读带动讲解,以讲解促进朗读,避免单一的说教。例如:教学《游园不值》这首诗时,在反复读的基础上,让学生先讨论作品是怎样表现主人公游园时由扫兴转为欣慰的心情的。提出问题后,边讲边读,在讲解的过程中,大家既分析了作品主人公游园时扫兴的心情,也学习到作品中主人公见到春天美景时惊喜心情的艺术表现手法,进行有表情的反复朗读才会使作品中的人物形象有血有肉,使作者的感情抒发得淋漓尽致。朗读是培养语感、品位语言、理解诗歌思想内容的最好手段。

第三节 表达与交流:儿童哲学助力习作教学

培养学生的创新思维,必须摆脱传统思想的束缚,提倡开放式的创新思维教学,通过课堂教学和课外活动,激发学生的发散性思维,培养学生的创新意识,使学生成为有创新精神和实践能力的人。而儿童哲学关注儿童思维发展,重视思维技能训练,可以在语文学科教学中融入儿童哲学,并以此发展学生的思维,培养其创新精神。因此,我们在小学语文习作教学中渗透儿童哲学教育,可以突破听说读写的局限性,把发展思维能力渗透到习作中,从儿童的思维和经验出发,积累习作素材,并利用儿童与生俱来的探究与思考的本能,在习作的训练中有效提高儿童的思维能力。

一、博采素材,妙笔生花

多年来,习作教学不能摆脱"少、慢、差、费"的怪圈,一提到写作文,小学生就感到无从下手,不停抓耳挠腮。作文难,究竟难在哪里呢?学生认为作文难在无话可写、无事可写、无情可抒抑或是有话写不出,究其根源是腹中空空,"巧妇难为无米之炊"。正如张志公先生所说:"词汇贫乏是语文能力的致命伤。"①如何才能信手拈来、下笔有神呢？唯有积累——博采素材。

(一)为有源头活水来

生活是作文的源泉。叶圣陶在《作文论》中说:"作文这件事离不开生活,生活充实到什么程度,才会做成什么文字,所以论到根本,除了不间断地向着求充实的路走去,便没有可靠的预备方法。"茅盾说:"读书应当一边读,一边想自己所经历的相似的人生,或者一边读,一边到现实的活人生中去看。"生活是作文之源早已成为人们的共识。

生活是精彩的,它为我们提供了取之不尽,用之不竭的鲜活素材,但小学生有意注意还处于萌芽阶段,往往缺乏主动观察与发现,生活中的一些亮点便会如流水般悄悄溜走。因此,教师要善于引导学生及时捕捉生活中的亮点。如:有的同学写课外生活就写放鞭炮、捉迷藏,写起来平淡无奇,没有什么创意。教师可以这样引导:"放鞭炮时,既喜欢又害怕,既逞强又特别地胆怯,你看到过吗？抓住这精彩瞬间,把它写下来,就是有创意的表达。又如捉迷藏,藏在什么地方？怎么找到的？可以具体地把它写出来,像电影的特写镜头那样,特别精彩。"经过指导,同学们都能用心捕捉生活中的精彩,把它表达出来。

日常生活中我会引导学生学会用眼睛"摄像",多角度地去看,真实记录,纤毫毕见。如观察一朵花,除了看花的颜色、花瓣的形状外,还要看看花瓣上浅浅的纹路、柔嫩的花蕊、新开的花儿和枯落的花儿之间的区别。引导学生学会用耳朵"录音",静听庄稼拔节、秋虫呢喃。引导学生学会用双手、鼻子"复印",鼓励学生去摸一摸春天的树叶,感受生命的轻柔;摸一摸爬行的蚯蚓,感受生命的灵动;鼓励学生去闻一闻花的芳香、泥土的清新、雨水的尘微和阳光的味道。引导学生学会用心灵感悟,感悟生活中的是与非、真与假、善与恶、美与丑。从而发现生活之美,体验生活之乐,感受生活之味,为习作积累素材。

(二)腹有诗书气自华

书籍是另一种生活的再现,阅读书籍,实际上是超越时空去认识前人的生活,去认识历史生活。阅读优秀的书籍,既可以帮助学生认识生活,积累素材,又可以提高学生观察、分析、理解生活的能力。

好的语文教师一定会在引导学生走向社会、深入生活、关注自然的同时,鼓励他们阅读大量的优秀书籍。把生活当作正文,把书籍当作注解,以鲜活的个性,复归生活的朴素与真实。作为小学语文教师更有必要、有责任引导学生多读、多摘、多记、多背一些妙言佳句、精彩片段。这样日积月累,学生方能生悟,笔下灵活运用点缀的妙语,好像是给予文章这幢"高楼大厦"的"精美包装",再注入灵气,使文章显得更加生动感人。

---

① 张志公.科学、艺术和武器——1984 年在演讲邀请赛闭幕式上的即席讲话[EB/OL].(2020-09-29)[2022-06-08].http://www.pinshiwen.com/wenfu/jdwz/202009294784.html.

1. 立足教学，积累语言

教师要立足课内阅读教学，积累语言，让学生明确积累对象，如好词、好句、精彩的段落、优秀的文章、歇后语、谚语、名言警句、古诗等。新语文教学大纲突出强调了积累语言的重要性，淡化了对课文的理性认识，注重对课文的感性认识，让学生在读中积累语言是第一位的，是阅读教学的基础，也是提高学生读写能力的有效手段。在小学语文教材中有许多文质兼美的名篇，不仅蕴含丰富的思想感情，而且有着生动恰当的表达方式，可以让学生在读写过程中通过借鉴、迁移，逐步将思想、情感、语言、表达形式等内化为自己的语文素养，"取其法""用其材"，借"米"下锅。

2. 博采众长，广泛阅读

鲁迅先生说："文章该怎么做，我说不出来，因为自己的作文是由于多看和练习，此外别无心得和方法。"我们的学生需要拓宽视野、增长知识，单靠课本学习是远远不够的，还必须开发利用其他信息资源。要想写出内容具体、有一定条理而且语句通顺的文章，还必须依赖于大量的阅读。

首先，与名著亲密接触。有目的、有计划地安排学生阅读古今中外名著，让学生形象而具体地了解文学、感受情怀，为纯洁的童心倾注绚丽的色彩。小学阶段应指导学生根据实际选择有益的、难度适中的名著，循序渐进地进行阅读，让名著为孩子的心灵注入生机盎然的清泉，为双眸增添熠熠光彩。现代社会的书籍和网络信息多如牛毛，我们一方面要引导学生博采素材，另一方面要教会学生如何去读，让他们能巧妙运用选读、速读、精读等方法。

其次，有针对性地订阅书报。《中国儿童报》《小学生周报》《作文报》内容丰富，学校图书室也有适合于学生阅读的图书，教师可利用兴趣课、阅读课等时间指导学生阅读，并鼓励学生课后再花时间认真阅读。有了丰富的素材和词汇，学生定会笔下生花。

最后，"不动笔墨不读书"。单读是不够的，好记性不如烂笔头。"授之以鱼，不如授之以渔"，教给学生方法，才能让他们受用终生。针对学生阅读课外书、阅读网上信息，大多是"用眼睛"去阅读而印象不深刻的情况，我就要求学生把书中的人物或情节概括地写下来，对好词佳句、优美段落，特别是古诗词、名言警句、谚语格言等，要求学生抄写下来反复记诵并在习作中灵活运用。引导学生读、背、记、理解有机结合，要求学生应博览群书，博采众长。这样的阅读积累，足以让学生拓宽视野、丰富知识、增长智慧、陶冶情操，让学生从中获取丰富多彩的习作素材，为他们妙笔生奇花奠定坚实基础。

（三）海阔天空任自由

说话是一种表达，作文也是一种表达。作文就是说话，无非是在纸上说话。叶圣陶先生曾说过："阅读和写作都是人生的一种行为，凡是行为必须养成习惯才行。"生活中有许多有意义的值得观察的事物，怎样使学生不错过这些宝贵的生活画面，及时捕捉住观察的对象呢？日记是最好的手段，因为这种习作形式没有教师命题的制约，没有规定范围的局限，没有统一格式的拘泥,学生可以尽情地发挥。怎样让日记有话可说、有话想说呢？教师可以让学生准备一个小册子,每晚梳理一下今天所经历的事情,把这些事罗列出来;然后,比较这些事情,将自己认为有意思的或印象深刻的做上记号,这就是写作的材料。经过一阶段时间的记录后,学生都感受到了,生活看似平淡,但在不变中蕴藏着许多的变化。每天面对同一个人、同样的情景,你的心情不同,你的看法也会产生变化。于是学生记下了一篇篇心得体会:油然而生的快乐,抑制不住的兴奋;别具慧眼的见解,刨根问底的质疑;风格迥异的老师,性格不同的同学,色彩缤纷的班级……日积月累,便有了丰富的写作材料。这种流水账记录法,促使学生去关注生活,关注身边的事,同时,也教会了他们在平凡的小事中发现不平凡。老舍先生也曾说:"你要仔细观察身边的老王或老李是什么性格,有哪些特征,随时注意,随时记下来。这样的记录很重要,它能锻炼你的文字表达能力。……要天天记,养成习惯。刮一阵风,你记下来,下一阵雨,你记下来,因为不知道哪一天,你的作品中需要描写一阵风或一阵雨,你如果没有这样的积累,就写不丰富。"[①]可见,积累无时不在、无处不在,在平时生活中听别人说、看电视、参加活动、外出游玩……吸收到好的素材都应及时记录下来。只要学生做有心人,那么作文素材肯定会取之不尽、用之不竭。

总之,学生只要自己建立了一个属于自己的语言仓库,直接、间接的语言材料积累多了,表情达意就能挥洒自如,学生就能准确、生动、鲜明地描绘自己的所见所闻,表达自己的思想,抒发自己的真情实感,真正提高语文素养。通过这样的积累,即使达不到王安石的生花妙笔之境地,但滴水能成河,百川归海,语文的日积月累就如涓涓细流,最终必将汇成汪洋大海,使我们的人生波澜壮阔,气势不凡。正如宋代朱熹告诉我们的哲理:"问渠那得清如许,为有源头活水来。"

二、在习作中培养学生的思维能力

思维能力的培养要求学生克服传统思维模式的局限性,从不同的角度和层次来解决问题。因此,如何在小学语文写作教学中培养和提高学生独立思考的能力,已成为每一位语文教师都应该认真研究和思考的问题。

(一)引导学生进行模仿迁移训练

小学高年级正处于身心发展的关键性阶段,他们对外界事物充满了探究欲望,他们在一定程度上能够模仿一切外界事物来满足他们的求知心理。因此,小学高年级语文教师应该积极利用小学高年级学生这一心理特征,改变小学作文教学的观念和方式,给予学生自主进行练习、模仿和迁移写作的实践和空间,让学生充分发挥自己的想象力,进行模仿写作练习,锻炼学生的写作能力。

---

① 老舍.老舍谈写作[M].南昌:百花洲文艺出版社,2019.

例如,在教学课文《慈母情深》时,教师就可以给学生布置相应的课后写作任务,让学生以"父母对我们的爱"为主题,对刚学过的课文展开模仿写作,让学生学习和模仿课文中所使用的创作手法,学习作者是如何将父母对我们的爱表现得淋漓尽致的,让学生在模仿中学会迁移,从而达到培养和锻炼学生的作文写作技巧和能力的目的。

再如,在教学《威尼斯的小艇》这一篇课文的过程中,教师就可以首先让学生自行阅读这一篇课文的第二段的内容,在学生进行充分的自主学习和探究之后,教师就可以提问学生:"这一篇课文之中,作者使用了怎样的手法和技巧来描述威尼斯小艇的奇特?这一段当中哪一些词直接地写出了威尼斯小艇的特点?"让学生对这一些词汇和段落进行标注。在此期间,教师就可以适当地引导学生学习和认识教师所提出的问题,教师可以对这一些词汇和段落进行深入的分析和讲解,加深学生对作者写作手法的了解。随后,教师可以让学生根据学习的内容对这一段落进行仿写,锻炼学生的写作实践能力,为培养学生的发散性思维奠定夯实的基础。

(二)引导学生发挥想象力进行续写学习

部分小学语文教师在开展小学作文教学时十分容易走进误区,例如:无法合理控制时间,在开展作文教学时,学生不能将注意力集中于作文本身,因而无法高效地开展写作训练。基于此,小学语文教师就可以结合教材开展"读后续写"训练,让学生充分发挥他们的想象力,对文章进行续写,进一步提高写作能力。例如:在教学《牛郎织女》一课之后,教师就可以给学生布置这样的课后作业:根据这个故事的内容,对这个故事进行续写。这样的课后任务可以充分发挥学生的思维能力,让学生思考和想象,牛郎和织女今后的生活应该是怎样的? 倘若牛郎和织女生活在现在的年代,他们又该拥有怎样的结局? 让学生在自己的思维空间里自由自在地翱翔,从而达到培养和锻炼学生发散性思维的目的。

再如,在教学《落花生》这一课的过程中,小学语文教师可以首先在课堂教学中对这一篇课文中的排比句、比喻句等好的句式进行讲解,加深学生对这一篇课文的学习和掌握。接着,小学语文教师就可以让学生发挥自己的想象力对课文进行续写,帮助学生掌握一定的写作技巧。

(三)鼓励学生"标新立异"

在小学高年级语文写作教学中,教师可以有意识地引导学生突破常规,运用多种角度多种方法进行语文写作,培养学生的发散性思维。例如:在教学《什么比猎豹的速度更快》这一篇课文时,教师可以通过提问来导入这一节课的课堂主题:"同学们,我们知道,猎豹是动物界的运动健将,它奔跑的瞬间时速可达一百千米每小时。猎豹厉害吧? 可是,还有比猎豹更厉害的动物吗? 它们是谁?"学生充分发散思维,展开交流和讨论,讨论他们认识的跑步速度很快的动物是什么,他们分别具有怎样的特性? 在结束一节课的教学之后,教师就可以让学生分别以他们认为跑步速度很快的动物为主题,展开写作,让学生拓展他们的思维空间。

(四)联系生活实际进行教学

知识来源于生活,因此想要充分培养和提高小学生的发散性思维,教师就需要从小学生的生活实际着手,将小学生的语文作文写作教学与他们的生活实际紧密地联系在一起,让学生学会在生活实际中锻炼写作思维,使学生学会在小学语文写作中充分地利用生活中的素材,从而达到拓展学生写作思维空间的目的。

例如:在教授《桂花雨》这一课时,授课教师如果仅靠口述去讲解,学生难以真正地领悟到文中文字的魅力,也很难读懂作者借用文字抒发的热爱家乡、思念家乡的情感,因此教师在课上需要借用多媒体创设情境,可以用幻灯片展示十月桂花的图片,让同学们直观感受桂花的美,让小学语文作文教学回归体生活的本质。学生在此状态下学习课文内容,能够对"摇桂花""收桂花"的事件产生画面感,由此提出拓展问题,回忆童年生活,说一说那些难以忘怀的人、事、物。这样一来,学生能够更好地理解文本所要表达的思想感情,从而更好地模仿和吸收这一篇课文中作者的表现技巧和手法,为提高写作能力奠定扎实的基础。

总之,发散式思维可以让小学生不被课本上的知识所束缚,允许学生在思考问题的同时标新立异。所以小学语文教学一定要充分地结合语文学科的特征,通过多种途径、多样化的方式全面地培养学生的自主发散性思维,发展学生的创造力,为社会培养更多的具有自主创新和开拓能力的国家栋梁。

第四节　梳理与探究:儿童哲学视域下小学语文实践性作业设计

"双减"政策要求小学语文教师要在作业形式上不断创新,把学生从繁重的学习负担中解放出来,切实满足学生的真实学习诉求。儿童哲学教育能引导儿童自己思考,激发他们潜在的探索精神。《义务教育语文课程标准(2022年版)》指出:要"围绕立德树人根本任务,充分发挥其独特的育人功能和奠基作用,以促进学生核心素养发展为目的,以识字与写字、阅读与鉴赏、表达与交流、梳理与探究等语文实践活动为主线""创设真实而有意义的学习情境,凸显语文学习的实践性"①。儿童哲学是一门与儿童的思考密切相关的学科。它引导儿童自己思考,激发他们潜在的探索精神。从儿童哲学视角,设计丰富多样的实践性语文作业,能更充分地尊重学生个体生命,使小学语文教学真正做到实践育人,回归教育的本真。

① 中华人民共和国教育部制定. 义务教育语文课程标准(2022年版)[S].北京:北京师范大学出版社,2022;6,3.

一、儿童哲学的内涵及其与小学语文实践性作业的关系

李普曼教授把儿童哲学定义为：一种运用到教育中，目的在于培养具有高水平的、熟练的推理和判断能力的学生的哲学。它以儿童喜闻乐见、富含哲理的故事为载体，结合儿童心理、认知、发展的实际，运用故事中蕴含的各种思维方法，引导儿童自己思考、说自己想说的话，满足他们的好奇心和求知欲，激发他们潜在的探索精神，让童性原本爱智慧的心灵去"习真习善习美""知真知善知美"，使儿童"人之初"的原始思维与哲学思维自然耦合，把他们潜在的思维能力引导到以辩证思维为核心的创新思维方向。引导他们在学习运用判断进行推理、辨明是非中懂得做人的道理，为他们成长为具有社会责任感、创新精神和实践能力的时代新人奠定最初的世界观和方法论基础。

二、儿童哲学视角下小学语文实践性作业的特征

（一）作业内容的生活性和启发性

儿童哲学理论认为，儿童是天生的哲学家。儿童从生下来开始就一步步认识这个世界，这种求知欲是儿童思维发展的源动力。他们对世界充满了新鲜感、好奇心和困惑意识，"儿童与生俱来的好奇心，驱使着儿童不断地提问和探究，而这正是进行哲学播种的好阶段"①。因此，在设置语文实践性作业时，教师要充分考虑这一特征，尊重学生生活经验，紧密联系学生的生活，同时创设合理的问题情境，适时引导学生对周遭世界展开思考，使作业设计体现生活性和启发性。

（二）作业形式的多样性与开放性

李普曼认为："教育不在于将一个无理智的儿童培养成一个有理智的成年人，而在于发展儿童成为理性人的倾向。可惜在现实生活中，儿童的这种能够进行哲学思维的火焰被浇灭了，以至于他被培养成为没有任何哲学思辨欲望的成年人。"②他认为应该及早对儿童进行思维能力的培养，"促使儿童对事物采取严格的批评态度""促使他们的思维活跃，富有想象"③。要设置多样、开放的实践性作业，充分尊重儿童的个体生命，从儿童丰富多彩的生活体验出发，帮助学生学会用正确的方法思考问题，提升儿童的思维能力。

---

① 李普曼.教室里的哲学[M].张爱琳,张爱维,编译.太原:山西教育出版社,1997:33.
② 李普曼.教室里的哲学[M].张爱琳,张爱维,编译.太原:山西教育出版社,1997:33.
③ 李普曼.教室里的哲学[M].张爱琳,张爱维,编译.太原:山西教育出版社,1997:33.

(三)作业过程的灵活性与挑战性

李普曼指出,在基础教育过程中,学生经常抱怨所学的课程与兴趣、意义之间缺乏相关性[1]。缺乏意义,学生只能是盲目地遵从老师的教学或者是以懈怠罢工等各种方式消极抵制学习。《义务教育语文课程标准(2022 年版)》也指出,语文课程应该在发展学生的语言能力的同时,发展学生的思维能力,教给学生科学的思维方法。对儿童进行哲学教育的目的之一就是培养和训练儿童的思维,教会儿童思考,激发儿童的想象力和创造潜能。因此在设置语文实践性作业时,应该注意打破目前不重视思维能力和问题意识培养、只机械地抄写背默的现状,根据教材特点和学情,选择灵活多样和富有挑战性的途径,提升儿童的语文素养和思辨能力。

三、儿童哲学视角下小学语文实践性作业设计的策略

(一)倡导自主合作,实现思维碰撞

传统的作业设置,往往是教师根据教学需要,布置巩固练习,怎么考就怎么练、考的多练得多、不考不练,过分强调学生独立完成,缺乏合作与共享。李普曼认为,儿童有强烈的好奇心、旺盛的求知欲,又有哲学思考所需要的闲暇时间和潜能。他认为儿童哲学的意义就在于使学生学会哲学思考,即学会探究事物的意义。儿童好奇心的保持和开发要求必须倡导自主合作的探究精神。构建师生之间、生生之间自由平等的合作探究情境,是实现思维发展的前提。"自由是个体潜能的完全释放与实现",而"哲学思想永远只能根源于自由的创造。"[2]基于自由的精神,使学生"从各类问题中,意外地发现人类在哲学方面所具有的内在禀赋""从孩子的言谈中,听到触及哲学的奥妙的话来"[3]。因此,教师在设置实践性作业时,应倡导自主合作的学习氛围,使每一个"探究共同体"成员团结一致、分工合作,更好地进行理解和判断,增进生生之间的人际关系,促成儿童社会性的形成。

例如,在教学完《动物王国开大会》后,教师设置这样的语文实践性作业:"根据课文中的故事内容,进行分角色表演,可以自由大胆地发挥,比一比,看谁表演得最形象生动,发挥得最符合角色特征。"一年级的学生对表演性的实践活动充满兴趣。学生们自主选择合作伙伴,排练课本剧:有的小组为了争当主角"狗熊"面红耳赤;有的小组为了某一角色应该采用什么样的语气、动作和神态争论不休;有的小组则发挥动手能力,制作了各种活灵活现的道具,使课本剧表演锦上添花。这样的实践性作业,能激发学生的参与欲

① MATTHEW L. Can philosophy for children be the basis of educational redesign[J]Social Studies,1978(11):253-257.
② 雅斯贝尔斯. 智慧之路[M],柯锦华,范进,译. 北京:中国国际广播出版社,1988:2,5.
③ 雅斯贝尔斯. 智慧之路[M],柯锦华,范进,译. 北京:中国国际广播出版社,1988:2,5.

望,调动学生的兴趣,让学生在分工合作中发展人际交往能力,在互动辩论中提高对文本的感悟,在动手又动口的过程中训练多方面的能力。

(二)设置问题导向,聚焦思维发展

以往的作业大多限于机械的抄写默练,缺乏基于实践的强烈的任务驱动,很难激发学生参与的热情,限制了学生的思维,固化了学生的表达。李普曼认为儿童哲学主要内容是"思想的思考"(To Think About Thinking),是"在教师的领导下亲身参与群体探究的结果,它的目标是获得更好的理解和判断力"[①]。因而,儿童哲学旨在促进儿童的哲学思维和应对实际问题的能力,使其能够像哲学家那样思考问题:即能从日常思维转向反思性思维,从不假思索转向深思熟虑,从常规思维转向批判性思维[②]。由此可见,问题是哲学思考的起点,设置探究活动必须以问题为导向,实践性作业也不例外。"对于哲学来说,问题比答案更为重要,并且每个答案本身又成为一个新的问题。"[③]在设置实践性作业时,教师必须精心设置问题环节,使儿童围绕某个有意义的问题展开探究活动,进行观点的分享、思想的激荡,产生对事物更加全面的认知,促进思维的发展。

例如,在教学完课文《景阳冈》后,教师布置了这样的语文实践性作业:"在古典小说《水浒传》中,关于武松打虎的传奇故事,还有好几处描写,请你把它们摘录下来,比较一下哪一段写得最精彩,与同学交流。"这项实践性作业,将学生的学习延伸向课外,引导学生积累语言精华,提升文化底蕴。教师不仅仅停留于让学生摘抄好词佳段,而是提出更有意义的问题:比较一下哪一段写得最精彩,与同学交流。学生在查找、研读、品鉴、赏析之后,再与其他同学进行充分的交流分享,在这一过程中,获得语文综合素养的提升和思维的拓展。

(三)展开对话交流,激发辩证思考

应试教育下的学生作业几乎处于全封闭的状态,缺乏动态生成,难以获得伙伴之间的鼓励和启发,对语言能力的提高和思维发展的提高作用十分有限。思维是内在的,语言则是思维的外在表现。思维形成的训练,有赖于思维的物质外壳——语言。李普曼认为,语言可以促进思维的发展。他说:"一般认为是思考产生对话,而实际上是对话引起思考。"[④]"系统地把哲学对话介绍给儿童,能激发他们的好奇心,使他们的观察力更加敏锐。"[⑤]因此,"我仍主张促进优质的思维的方式是通过促进优质的对话,这种对话涵盖了

① MATTEW L. Thinking in Education[M]. New York:Cambridge University Press,2003.
② 陈红.上海市杨浦区六一小学:重构儿童哲学 激活学生思维[J].上海教育,2001(15):1.
③ 雅斯贝尔斯.智慧之路[M].柯锦华,范进,译.北京:中国国际广播出版社,1988:2,5.
④ 李普曼.教室里的哲学[M].张爱琳,张爱维,译.太原:山西教育出版社,1997:33.
⑤ MATTEW L. Natasha:Vygotskian dialogues[M]. New York :Teachers College Press,1996:105.

大量的思维技巧和智力行为。"①"对话是真理的敞亮和思想本身的实现。对话以人及环境为内容，在对话中，可以发现所思之物的逻辑及存在意义。"②可见对话交流对思维发展的重要意义。教师在设置实践性作业时，要注重引导学生充分地展开对话交流，引发学生的辩证思考，使学生在群体中相互启发，让他们以自己的方式发现问题、解决问题、重构问题，获得智慧的启迪。

例如，在教学《为中华之崛起而读书》时，老师设置了这样的实践性作业："风雨飘摇的年代，不同的人有不同的表现。搜集先辈的爱国故事，做一份手抄报与同学交流。"在作业的交流展示环节，就有学生提到五四运动，围绕"假如我是五四运动时期的学生，我是潜心读书还是去游行示威"展开了激烈的辩论。有同学认为学生的任务就是努力学习，长大报效祖国；有的则认为在那样的社会环境下根本不能安心读书，一旦成了亡国奴，读书又有什么用。经过充分的对话交流，学生们相互启发，观点交锋，既提高了语言能力、思维能力，又进一步激发了报国志向。

(四)加强学科联系，提升思维品质

传统的作业学科边界感非常强烈。教什么学科就布置什么作业，课上学什么内容下课就布置什么练习，绝不越界。其实，每一个人对世界的认知总是不全面、不确定的。李普曼在他的著作中主张一种与传统模式相反的"反思型模式"教育实践，认为各门学科必须加强联系，建立学科间的桥梁，实现多学科的融合，教育的目的也是使各学科直接建立联系，使知识融会贯通③。在设置实践性作业时，注意沟通学科间的联系，就能使学生得到多方面的训练，促进学生多方面的能力发展。

例如，教学完《蟋蟀的住宅》一文后，教师设置实践性作业："请选择以下几种事物之一(出示蜘蛛网、蝉蜕、蜂窝)，然后进行细致的考察和研究，并把探到的知识用小论文的形式介绍一下，可以配上精美的插图。做好以后，再和同学交流交流你的发现。可要注意安全哦！"这是一项融合了语文、美术、科学三门学科的实践性作业，学生在完成作业的过程中，动眼观察、动脑思考、动手写画、动口调查，既丰富了生活体验，又培育其探索精神，提升了综合素质。

(五)采取多元评价，鼓励思维发展

传统评价方式单一，评价语刻板教条，缺乏人文关怀和激励功能。然而，评价作为导向，具有与目的更加紧密的联系。作业评价与"双减"，甚至整个教育工作的目的应保持高度的一致性，实践性作业也不例外。要明确作业的评价的根本目的是立德树人，坚持用发展的眼光看孩子，注重实践性作业对孩子成长的教育发展功能，促进整体发展。

①　雅思贝尔斯.什么是教育[M].邹进，译.北京：生活·读书·新知三联书店,1991:178,12.
②　吉萍.儿童哲学课程实施个案研究[D].桂林：广西师范大学,2015:14.
③　瞿钧.李普曼"儿童哲学"理论在世界上的最新进展[J].江西青年职业学院学报,2016(3):38-43.

例如,在作业评价中采用开放式的评价主体,鼓励学生自评、互评、请家长评、请社会人士评、不评价等多种评价方式;开放评价时间,根据实际情况与老师商议是否延迟评价;开放评价方式,根据不同类型采取不同的评价方式,集体交流、家长反馈、互批互改等多种方式相结合。

总之,儿童哲学理念下的小学语文实践性作业就是让学生在大量的实践中掌握运用语言的技巧,提高人际交往的能力,促进思维的发展,让做作业成为乐趣,成为孩子创新、游戏的过程,将"双减"落到实处。

第四章

儿童哲学视域下的小学语文教学策略

第一节　比较:在语文教学中对比异同的应用

《义务教育语文课程标准》(2022年版)指出:"学生生理、心理及语言能力的发展具有阶段性特征,不同内容的教学也有各自的规律,应根据不同学段学生的特点和不同的教学内容,采取合适的教学策略。"丰泽二实小的语文组教师在执教统编版一年级上册《比尾巴》一课时,教师试着提炼、梳理,把教材中具有联系或区别的教学资源整合在一起,将"比较"策略进行到底,让学生在理解所学知识的同时,自然联想到其他相关知识,取到了意想不到的教学效果。

一、在比较中读准音

课文中有许多表示事物名称的生字词,特别是"子"虚化为词缀的词语,如猴子(hóu zi)、兔子(tù zi)、鸭子(yā zi)。教学时,教师可出示带有拼音的词语,让学生在读中发现,这里的"子"都读轻声。为什么呢?教师顺势而导:"子"字放在句子后面,加不加这个字都没改变意义的,就读轻声,如刚学习的三个词语;但去掉"子"字意义就发生改变的,就应读第三声,例如:"孔子""庄子"等。这样一经比较,"虚化为词缀"和有具体意义的"子"的读音就会在孩子心中刻下烙印。

当教师把本课这四个生字出示时:

谁(shuí)　　　长(cháng)　　　最(zuì)　　　伞(sǎn)

学生立即明白教师的意图:读准平舌音和翘舌音。教师顺势让学生当小老师,在生生互动中,使学生的能力得到提升,情感体验得到关注,平翘舌音的区别也在愉快的合作中得到辨析。

二、在比较中析形解义

中国教育科学研究院研究员戴汝潜曾说:"科学的语文教育始于识字教育科学化。"这里的"科学"指的是汉字本身的科学和教学方法的科学。怎样利用汉字科学地教给学生识字方法呢?

(一)游戏导入

游戏是学生最感兴趣的活动之一。例如,教学《比尾巴》一课,课前,教师从学生的年龄特点出发,由复习旧知入手,根据图和相关古文字(   )( ),猜"人"和"从"字,学生的兴趣被激发,思维的大门打开了,当教师出示下一幅图和古文字(   )时,学生兴趣盎然,积极参与,在猜字游戏中对"比(两个人肩并肩,好比较。本义:比较)"的形义理解也就水到渠成了。不仅如此,教师还现场与同学作比较:比高低、比年龄大小、比头发长短等。这一轻松有趣的学习场构建,不仅让学生在比较中认清字形,在理解中识记意思,在体验中学会运用,还为新课的学习奠定了良好的基础,可谓一举多得。

(二)图文比照

课标提出的"让学生喜欢汉字""感受汉字形体美"的教学目标,怎样才能得到落实呢?低年级孩子以形象思维为主,在教学"兔""长""伞"等生字时,教师借助图片和或古文字("兔   ""长长   ""伞   "),让学生在图文比照中明白:兔子的短尾巴跑到楷书"兔"的"点"上去了;"长"的繁体字是"長",上面那一部分指的就是老爷爷的长头发,"长"最早指的是长长的头发,后来引申为长短的"长";"伞"上面部分指伞面,下面就是伞柄和伞架。在图文对照或古今对照中,生字的形义关系清楚了,学生对字的理解也深刻了,教学目标也达成了,"一个汉字就是一幅画"也得到了很好的诠释。

(三)形近字分析

有比较就有鉴别。当教师把"伞"和"公"两个字放在一起的时候,学生就能主动分析:"伞"上面为"人","公"上面是"八"(之前学习了"八""分",上面的"八"表示分开)。教师追问:"伞"上面的笔画为啥不分开?学生笑了:上面分开,雨伞不就漏雨了吗?就这样,科学性与趣味性的识字方式得到了完美的统一。

为了让学生明白"公"字的本义和引申义,教师请学生说说在哪儿见过"公"字。学生的词汇量还真不少:老公、公鸡、公园、公共汽车、外公、公平……借此机会,教师进行科学识字渗透:"公"上面"八字头"表示分开,下面的"厶"读作"sī",表示"私人的",把私人的东西拿出来跟大家一起分享就是"公",如果每个人分的东西一样多,那就非常"公平、公正"了,这就是"公"的本义;而"公园""公共汽车""公共厕所""公共场所"等,这些是大家共同的,称"公共";"外公""老公""公公"中的"公"是引申义,表示对男人的尊称;后来"公"又引申为雄性禽兽,比如"公鸡""公牛"等。这样,学生对汉字的构形原理清楚了,词汇量大了,对"公"字的内涵认识也丰富了。

(四)反义词学习

《比尾巴》这课生字中的"长"和"短"是一对反义词,教学中让学生在语境中理解、记忆字形,"短"左边是"矢 shǐ",指箭,右边是一种器皿 ,用"豆"表示。古人很有意思,经常"用长长的弓做标准衡量长的东西,用箭做标准来量短的东西"。接下来让学生联系生活实际,说说什么东西长,什么东西短? 学生不仅能根据教师的讲解和演示说出弓长箭短,还能结合课文语句"猴子的尾巴长,兔子的尾巴短"来回答,更有同学用文具盒中的尺子和铅笔,用教师的教鞭和粉笔,用爸爸妈妈的头发等来比长短。

佟乐泉先生指出:"评价一种识字方法的优劣,首要的标准就是看它能不能尽量地减少死记硬背的内容,提供更多易于联想的线索,更快更牢地识记汉字。"可以说以上的教学策略已经做到了。

(五)系统识记

汉字中存在着纵横交错的各个系统,如意符系统、音符系统、记号系统等。理解汉字的构形理据和系统性,就能学得科学、记得牢固,高效而又有文化味。如在教学《比尾巴》一课生字中的"提手旁"和"八字头"时,因之前学习"打""分"等生字时已归入系统学习了。所以教师就另寻系统识字切入点——"巴"音符系统的学习和"隹"的音符系统和意符系统。

学习生字"巴"时,为了让学生知其然并知其所以然,教师先讲清它的本义和引申义:像一种口大头大体长的大蛇的形状,本义是一种大蛇。为突出蛇的大口,"巴"引申为面颊(面颊上用来说话的叫——嘴巴,摸摸嘴巴下的地方叫——下巴);后来"巴"虚化为名词,放在词尾("尾巴"),读轻声。接着,学生根据自己的认知,说说带有"巴"的字——吧、爸、把、爬、芭……教师结合具体场景解释"门把"的"把"字后,趁机引导学生观察"巴"在这些字中都提示读音叫"音符",这样的成串识记省时又高效。

学习"隹"字串时,教师出示"公鸡""鸭子""孔雀"后,提出质疑:公鸡、鸭子是家禽,属于家养的鸟类,孔雀是百鸟之王,也是鸟类,那为什么"鸡""鸭"都有鸟字旁,而"雀"没有呢? 有疑问必会引发思考,掌握知识也就成为一种自觉、自愿行为:"雀"上面是"小",下面是"隹"读作 zhuī,古文字写作表示"鸟"的意思。在"雀"字中,"隹"表示意思,是意符。而在学习"谁(shuí)"字时,一经比较,学生就发现"隹"在这里提示字的读音,是音符。教师顺势出示本学期学过的带有"隹"的生字:"雁""堆""准""难",让学生加以识记巩固。可谓教好一个,学好一串!

三、在比较中规范书写

科学识字，就是要从音形义统一的要素入手，写的指导是对"形"的认识和巩固。按照规范，认真写好汉字是教学的基本要求，练字的过程也是学生性情、态度、审美趣味养成的过程。

例如，《比尾巴》一课在书写环节，教师把有相同笔画"竖提"的两个生字"比"和"长"放在一起，让学生在比较中观察，在观察中感悟，在感悟中练习。这样既呼应了揭示课题环节时的书空指导（"比"的第二笔为什么是"竖提"，是为了顺势写第三个笔画，这样写字就会又快又顺），也很好地遵循了书写的笔顺规律，这样规范笔形、笔顺知识的训练和引导，有效甚至高效，为今后的书面表达打牢了基础。

同样，书写"巴"和"把"字，也就可以让学生自己观察，通过比较寻找规律，规范书写了。当学生的知识有了架构，就会内化为一种素养，在后续的学习中去联系、去思辨、去推理，这才是真正的长效培养。

四、在比较中学会朗读

例如，《比尾巴》一文是一问一答形式的识字童谣，读好问句是朗读的重点，本课对话情境鲜明，对学习问答句型非常有利。

本课句型学习从"谁"字引入，当学生明白"隹"表示音符时，教师就引导学生，左边的言字旁表示开口说话，探问对方身份，如你是谁？通过情境对话，加深对"谁"音、形、义的理解，进而出示课文一、三小结，引导学生发现，句子的后面都有个问号，表示疑问。学生在"老师范读、学生模仿读"中发现了问句朗读的特点，即句尾的语气上扬。此时，把问句和答句（作为回答的陈述句）放在一起对比读，稍作指点，学生就能读好停顿、读出押韵、读懂问答式童谣了，"喜欢阅读"阶段目标的达成也就水到渠成了。

五、在比较中掌握特点

例如，为了让学生掌握动物尾巴的特点，教师把表示尾巴特点的词语分别做成卡片，让学生在读完词语之后，把卡片贴在黑板上相应的动物后面。由此，学生在识记、比较过程中轻松巩固了知识，同时借助板书练习背诵。这种具有挑战性的任务激发了学生的好胜心，也让他们获得了满满的成就感，为之后的问答游戏等拓展学习提供了可能。

第二节　思维:论语文教育中儿童思维的培养策略

智力的训练主要是以思维能力的训练为主,思维水平的高低直接影响小学生的学习成绩和学习潜力。教师作为学生思维开拓的主导者,在训练儿童思维能力方面起了关键作用。因此,如何在小学语文教学中渗透思维发展教育是一个很值得探究的问题。

从现今的小学语文课堂教学来看,大多教师过分关注学生的知识获得,忽视了儿童获得知识的思维方式。有的教师重视传授知识,而忽视对儿童思维的训练,使语文中的拼音教学、词语教学、阅读教学、写作教学等环节相互脱节,没有达到最理想的教学效果。年龄为2～7岁的儿童只有基于表象的思维,尚不具有基于言语概念的逻辑思维。年龄为7～11岁的儿童只有基于具体事物的初步逻辑思维,尚不具有基于命题假设的抽象逻辑思维。小学语文教师在课堂中不注意采取有效的教学策略对儿童的思维进行系统的训练,这也是小学语文教学一个值得深思的地方。

一、儿童思维的特点

在小学语文教学中,要对儿童思维进行有效训练,所选用的教学方法都应该基于儿童思维的特点,在了解其特点的基础上,才能对儿童的思维训练策略进行有效的实践。

(一)儿童思维的灵活性

思维的灵活性体现在儿童进行思维活动时,能主动克服思维定式的影响,灵活运用已有的知识表征从多方面去寻找解决问题的办法,从而创造出完成任务的思维新方案。而小学生(年龄一般在6～12岁)思维的灵活性还不成熟,因此,在语文教学中,需要教师一步步地进行引导、鼓励或要求学生做到一题多解、举一反三,以多种方式来活跃学生的思维,使学生积极动脑,久而久之,就能使小学生思维的灵活性大大提高。

(二)儿童思维的敏捷性

思维的敏捷性体现在人能在很短的时间内,提出解决问题的方法或建议。这里就涉及一个时间问题,小学生思维的敏捷性在语文教学课堂上,一般体现在提问环节中:学生能在较短的时间内对教师所提出的问题迅速做出反应,并在脑里做出分析、归纳、总结,最后得出结论。

(三)儿童思维的创造性

儿童思维的独创性和批判性反映了小学生独立思维的能力,是抽象逻辑思维能力发展的主要表现之一。小学生满脑子充满了好奇和疑惑,对周围一切事物总是充满了"好奇心",他们在好奇心的驱使之下,往往能通过独立的思考,就一个或几个问题发表自己有创造性的想法。但对于低年级的小学生来说,其思维的创造性不高,只有到了小学中高年级时,其思维的创造性才有了一定程度的发展。因此,在教师的教学引导过程中,教师要注意学生的思维发展节点,培养其思维的创造性。

通过对以上小学生思维的特点进行总结,可以概括出:儿童思维的灵活性、敏捷性、创造性均以两种形式发展,即以具体形象思维为主逐步向抽象思维为主的方式过渡,而这个过渡是"感知—表象形象思维—抽象思维"的过程,并在抽象思维的基础性上逐步形成创造性思维。

二、儿童思维训练的策略

针对以上小学生的思维特点,小学语文教师在进行语文教学时要利用有效积极的教学方法来刺激和鼓励小学生的思维发展。

(一)借助直观材料,丰富感知认识

从儿童心理的产生到思维的萌芽,是在儿童机体与生活环境持续相互作用中,在感性认识(感觉、知觉、表象)产生和发展的基础上实现的,表现为分析综合能力不断提高,语言开始出现,生活经验逐渐丰富。因此,对于小学儿童来说,感性认识是直观事物和活动的直接反映,如果在语文教学中能恰当地使用直观教具(如图片、生字卡片、实物等),给学生观察事物、创设情境等,提供观察思考的材料,使学生建立感性认识,更容易接受教师所传授的知识。例如,在教授《识字 3:动物》的时候,根据教学目标,要求学生掌握"松鼠""狮子""猴子"等词的意思和写法,在学生对这些动物的外形没有初步的感知的情况下,教师通过展示丰富的、色彩鲜艳的卡片或多媒体图片,让学生在思维的框架里有了初步的感性认识,为接下来的写字、词语教学提供了很好的帮助。

(二)重视表象作用,培养形象思维

儿童思维是建立在感知的基础上的,而思维中的形象思维要通过对表象进行分析、综合、比较和概括,才能形成新的形象思维,表象是思维从具体感知到抽象思维的重要过渡,因此,教师在语文教学中应重视培养学生的形象思维。例如,在教授拼音《a、o、e》一课时,可以联系牙医让病人张大嘴巴时的"啊,啊,啊"来引导学生对字母"a"的认识;而字母"o"可以联系学生生活当中所认识的公鸡的叫声"喔,喔,喔"来加深学生的印象;同理,字

母"e"即可以联系白鹅的叫声来引导学生学习。这样的教法,能发展学生对大脑中的表象进行加工和构造,有效发展学生的形象思维。

(三)培养思维方法,发展抽象思维

"教无定法",对任何学习资料,教师在教授时,不是要教学生获得什么知识,而是要教会他们如何获得这些知识。在教学中,发展抽象思维的核心是训练逻辑思维能力,而培养逻辑思维能力的方法是通过分析、综合、比较、分类、概括、总结的过程得到的。只有掌握了一定的思维方法,才能进行抽象活动,形成抽象思维能力。在小学语文教学中,教师可以通过有效的词、句、段、篇的逻辑训练从而达到训练抽象思维的目的。例如,在教授拼音《b、p、m、f》一课时,教师可以通过设计一些绕口令、词语组合、以词构篇、猜谜语等教学手段实现教学目标。

(四)通过思维训练,培养思维能力

想象与创造不分家,通常很多创造都是在大脑想象的基础上形成的。在小学阶段,对学生进行想象、创造思维的训练,是培养学生良好的思维能力的重要手段。在小学语文教学中,通过猜字谜、编故事、加一加、减一减、换偏旁等形式来进行操练,能使学生的记忆过程更有趣味性、更形象、更有意义。当然,在进行篇幅阅读教学时,也可以运用这种方式。例如,在教授《我们成功了》这篇课文时,教师可以在学生整体感知课文的基础上,学生通过对文中角色的扮演,从而感受和理解申奥成功后人们兴奋激动的心情,在角色扮演过程中,要求学生通过自己对角色的琢磨、思考、想象,再现出来当时的情景。从另一个角度来看,这是对角色的创造,体现了思维的创造性。

小学语文教学中小学生思维能力的训练方式还有很多。当然,思维能力的训练不仅仅局限于感知能力、形象思维、想象思维、抽象思维和创造性思维的训练,还有集中思维、直觉思维和其他思维的培养。作为一名教师,我们在教学中还要付出很多努力。总而言之,要让学生真正学到知识,应该从思维训练开始,而这将是每一位学生一生受用的东西。

第三节　创新:在阅读教学中培养学生的创新意识

儿童有着强烈的好奇心,对世间一切陌生的事物都抱有坚持不懈的追问之心和探索的态度,而且他们无时无刻不在追问类似的事物:我是谁? 我来自何方? 这一切都体现出儿童的思维没有被世俗所禁锢,非常地灵动和活跃。儿童本身就是一个哲学家。作为语文教师,我们如何才能帮助儿童挖掘出这种想象力、创造力和诗意思维的潜质,从而加深他们对语文这门学科的理解和把握,并使他们形成正确的世界观、人生观和价值

观呢？接下来，本书将儿童哲学与小学语文教学课堂紧密联系起来，对儿童哲学教育理念如何渗透到语文阅读教学中，如何培养儿童思维的灵活性和独创性进行分析，并提出相应的实施策略。

一、在课堂导入中激发创新意识

课堂导入是一节课的重要环节。一堂课能否成功，导入是一个关键的因素。苏霍姆林斯基说："在每一个年轻的心灵里，存放着求知、好学、理解、渴望知识的火药。"作为语文教学环节的第一关——课堂导入，是整个课堂教学中的"导火线"。这根"导火线"的设置，对整堂课的成与败起着举足轻重的作用。教学中只有将无趣的知识"装扮"得新颖一点，引起学生兴趣，才能培养他们的创新意识。

二、在课堂教学中挖掘创新意识

在语文课堂教学中，要培养学生的创新意识，教师就必须实行开放的、民主式的教学，把学习的主动权完全交给学生，学生也必须解放思想，抢占课堂主动权，敢于善于发现问题、讨论问题、解决问题，并乐意在教师的指导下积极主动地参与到课堂教学中去。我们应把创新意识落实到课堂的每一步。

（一）学贵质疑，增强学习的主动性

俗话说得好，"学问学问，一学二问"。在我国古代，人们很早就注意到质疑对知识学习和学术研究的重要意义。古人云："前辈谓学贵有疑，小疑则小进，大疑则大进。"例如：教学《一个中国孩子的呼声》一课时，教师出示课题后，提问："读了这个课题后，你最想知道什么？"引导学生进行质疑，学生提出了问题："这个中国孩子发出的呼声是什么？""为什么要发出呼声？""向谁发出呼声？"……这样就为理解课文内容做了铺垫，能够激励学生探索新知识。

（二）创设想象的空间

想象是一切思维创造活动的源泉，它与创造性思维有着密切的联系，是人类创造劳动中不可或缺的。想象力虽然是天生的，但是后天的培养更加重要，因此在日常教学中，教师的启发和诱导就显得举足轻重。在语文课堂教学中，教师应通过多条途径创设时机，锻炼学生的想象力。例如：在学习《少年闰土》一文时，学生对"雪地捕鸟"这件事特别感兴趣。教师因势利导，围绕"捕鸟"这个主题，联系生活经验，引导学生想象大雪后的沙地，闰土和小伙伴的衣着、神态，捕鸟前的准备工作，鸟雀吃食的动作、神态，隐蔽时和鸟雀走进竹匾时的心情及捕到了什么鸟，如何处理战利品等，并布置作业以《闰土捕鸟》为题进行扩写。

(三)培养思维的灵活性、独创性

创造性思维是创造力的核心,灵活性、独创性是创造力的核心要素。灵活性是指随机应变的能力,独创性是指对刺激做出不寻常的反应,具有新奇的成分。灵活性与独创性的训练,无论是对思维的质量,还是其流畅性,都有很大的帮助,可促进创造性思维的发展。因此,在语文教学中要重视培养学生思维的灵活性、独创性,以提高学生的创新能力。

在阅读教学中,鼓励学生从不同角度对一个问题进行思考,不仅要考虑整体,而且还要考虑细节,只要言之有理即可。训练学生思维随机应变、变化多端、触类旁通、举一反三,不局限于某一方面,不受消极定式的桎梏,促使学生产生超常的构思,提出不同凡俗的新观念,为创造打下坚实的基础。例如,在《牛郎与织女》一课的教学中,很多学生都赞叹牛郎与织女的纯真爱情和敢于与一切恶势力作斗争的勇气。但是,有一学生这样说:"王母娘娘并非恶势力,她只是要维护天地间的准则,试想,如果大家都不遵循规则,那世间岂不是都乱套了。"这样的观点难道不对吗? 这样的独特看法,也是创新精神的体现。

三、在课堂结尾时激发创新高潮

一个好的课堂结尾可以再次激起学生的思维高潮,产生画龙点睛、余音绕梁之感,因此如果教师能将课堂的结尾处理得很好的话,更有助于学生创新意识的培养,让学生成为一个个发现者、研究者、探索者。例如,教学《滥竽充数》一课时,故事虽已结束,教师这时问:"南郭先生后来会怎样做呢?"学生有的说:"南郭先生本性不改,到别的国家去混了。"也有的说:"南郭先生后悔了,他练起了吹竽,三年后他成了吹竽能手,并认识到了之前的错误,为此而忏悔。"虽然结果不同,但能引起学生深思。

创新是一个民族进步的灵魂,是一个国家兴旺发达的不竭动力。创新精神的培养,需要教师在语文课堂教学中,改变传统观念,发挥学科优势,尽可能地创造机会,让学生参与实践,注重创新精神的培养,促进学生主体性发展,为培养具有创新能力的新时代人才奠定基础。

第四节 工具:语文教学中应用多媒体技术的探索

多媒体作为现代教学手段之一,在小学教学中发挥着重要作用。特别是在语文教学中,改变了"一块黑板、一支粉笔、一张嘴"的传统教学方法;把静止呆板的文字转化为鲜明的视觉形象和听觉形象,集声、形、光、色于一体;可以变抽象为具体,变静为动,从而激发学生的学习兴趣,加速学生的认知过程,达到预期的教学目的。所以,在小学语文渗透儿童哲学的教学中,教师要认真学习新课标,充分运用多媒体技术,化抽象为形象,优化语文教学,提高语文教学质量。

一、利用多媒体，以情激趣

美国教育家布鲁纳说："学习的最好刺激，乃是对所学教材的兴趣。"学习兴趣是学生学习活动中一种自觉、能动的心理状态，是学生主动学习、积极思维、探索知识的内在动力。实践证明，多媒体具有生动性、趣味性、变化性的特点，能把抽象的内容变得生动、形象，它能吸引学生的注意力，能激发学生的浓厚兴趣。例如：人教版二年级上册的《识字7》的教学目标是识字与写字，多数生字与动物的名称、动作在关。在教学中可利用多媒体创设了动物园的情境，并将教材的内容融入这个情境。上课伊始，教师用富有激情的语调告诉学生："我们一起去参观动物园，好不好？"接着，教师用多媒体展示出一幅动物园主题图片，"动物园"三个大字掩映在绿树丛中，小鸟在枝头欢叫，鲜艳的花朵竞相开放，学生们顿时眼前一亮、精神一振。教师引导："动物园里有哪些动物？看，它们来了。"学生们聚精会神地等待着，教师相机利用多媒体出示各种动物，学生依次说出动物的名字，并齐读动物下方的拼音和词语。在这一情境教学中，学生们积极参与、情绪高涨，识字效果良好。看到这些可爱的动物，学生们心中能不涌起保护动物的热情吗？

二、活用多媒体，发散思维

多媒体教学能变"死"为"活"，变"静"为"动"，使声、形、色、画融为一体，拓宽学生的视野，使学生在学习中受到"情景"的启迪，能引起联想，扩宽思路，培养学生的思维能力。例如，教学《鸟的天堂》一文时，运用多媒体创造"意境"，使学生的形象思维和想象力结合起来，从而提高学生的思维能力。

课文中的"天堂"就是指我国南方某地的一棵大榕树，"枝干的数目不可计数，枝上又生根，有许多根一直垂到地上，伸进泥土里"。如果这样一味地读课文，学生印象不深，很可能会把这棵生长了五百多年的特大、奇妙并有着强大生命力的古榕树看成一般的树。为了突出此景，教师可根据书中的内容，将这棵榕树绘制成图。当把这幅图画通过多媒体显示在屏幕上时，学生的神态立即做出了强烈反映，从他们的眼神和嘴角的神情中可以看出既有惊叹，又有赞许。面对此情此景，师生分别指图复述课文，教师和学生之间的感情也产生了共鸣。

接着，教师问："这棵大榕树是谁的'天堂'呢？"学生齐声回答："是鸟的天堂。""对，大榕树为鸟儿们提供了这么美好的生活环境，鸟儿们会怎样呢？""鸟儿们一定会喜欢这里，在树上筑巢，栖息……""说得好，作者第二次去鸟的天堂不仅看见了这棵大榕树，还看见了很多很多的鸟。"这时，教师继续运用多媒体教学，把大榕树及群鸟，以及群鸟鸣叫声，活灵活现地展现于学生眼前，并进行多方位的演示，让课文描述的景物动起来，就像一幅活灵活现的"群鸟闹林图"。同时，播放课文内容并全班配乐朗读。顿时，鸟的天堂（课堂)变成了鸟的美妙音乐世界。这里极力渲染出群鸟的欢乐,既有全景"到处是鸟声,到处是鸟影",又有特技镜头,"一只画眉站在一根小枝上兴奋地唱着",使人耳目一新。这奇妙的景象怎么不令人陶醉呢?运用多媒体教学,能创造生动活泼的场景,满足孩子们的好奇心、求知欲,吸引他们的注意力,帮助学生在鉴赏中理解课文。强烈的美感教育,激发了学生对鸟的天堂的热爱,对祖国大自然景物的热爱,使学生在轻松愉快中获取知识的营养和美的享受,这是常规教学手段无法做到的。

三、巧用多媒体,突破难点

文字对低年级学生来说是非常抽象的,若能用生动的图画(或动画)来表达,以形象代替抽象,变静态为动态,学生就易于感知和接受。《悯农》是一年级的一首古诗,对刚入学不久的学生而言,凭他们的理解能力,要求他们既能背诵古诗又能理解古诗是很困难的。为此,教师可把古诗中的内容设计成了一幅幅动画:太阳当空照,一位农夫正用锄头锄倒禾苗中的杂草,汗水从他的头上滴下来……然后,教师按顺序出示动画,让学生观看屏幕后用自己的话描述画面内容。最后,结合学生的描述,归纳成诗,使学生对古诗更有更直观和感性的认识,既锻炼了他们的语言表达能力,又加深了他们对古诗的理解。把抽象和静态的知识形象化和动态化,能充分调动学生的学习积极性和主动性,使学生真正成为学习的主人。

四、运用多媒体,诱发情感

在每篇课文中,往往都包含和体现着作者的思想感情,如果在教学中能够抓住作者的感情,让学生去体会并产生情感共鸣,可以产生更佳的教学效果。如叶圣陶先生的《瀑布》,从不同的观察点,运用精当的比喻从"声音美""色彩美""形态美"三个方面渲染了瀑布的宏伟气势。当教师讲到诗人来到瀑布脚下,抬头望瀑布时,放了一段录像,让学生观赏一座巨大瀑布奔泻而下:阳光下瀑布水花四溅,就好像由无数珍珠汇成的天然屏风一样。同学们带着和作者相同的感受去朗读全诗,读得特别投入,那种抑制不住的喜悦、惊叹和赞美洋溢在脸上。

总之,在语文教学中,多媒体计算机辅助教学,把教师单一讲、学生被动听的平面教学结构,转变为师生共同参与的多层次教学结构,能吸引学生的注意力,激发学生的学习兴趣,发展学生的思维能力,增加教学密度,帮助学生理解课文内容,提高教学质量。但与此同时对教师的要求就更高了,教师必须事先分析教学内容,确定教学目标,通过多媒体等得到文字、图像、音视频甚至三维虚拟现实等多方位信息,并使之有机组合,在课堂中合理运用。

第五节　拓展：儿童哲学视角下的阅读教学

儿童哲学教育能发展孩子的 5C 能力：批判性思维能力（critical thinking，审辨思维）、创新能力（creativity）、关怀能力（caring，同理心）、交往沟通能力（communication）、团体合作能力（collaboration）。丰泽二实小儿童哲学总目标：发展人文素养，培养道德品质；发展科学精神，培养创造力；启迪智慧，提高推理能力；自主发展，提高人际交往能力。语文教学，尤其是课外拓展阅读教学作为学生哲学能力发展的主阵地，起着至关重要的作用。

语文拓展阅读教学指的是在学生完成语文的基础知识学习后，还要接触同类型、同主题的文章，加深对识文内容理解的深度与广度，实现高效语文教学。而且，大量阅读优秀文章能够丰富学生的文化底蕴，同时，文章中蕴含的情感能够潜移默化地影响学生的道德品质，促使学生形成正确的人生价值观。教师要开展小学语文拓展阅读教学，使学生提高文学素养，培养道德素质，发展核心素养，真正将学生培养为高素质人才。

一、发挥师生作用，明确拓展教学要求

在小学语文教学中，想要提高拓展阅读的教学效率，就要将教师与学生的主观能动性最大限度地激发，才可以达到最佳的教学效果。在拓展阅读中，要将教师与学生的作用充分发挥。通过拓展阅读教学，教师要尊重学生在课堂中的主体地位，展现自己的引导作用，将小学生的阅读意识强化，在教学过程中，引导学生运用自主合作、探究的学习方式展开对拓展阅读的探究，在知识的学习中获得能力的成长，培养学生的核心素养。而且，教师要加强对学生阅读思维能力的培养，使学生可以更加轻松地理解阅读内容。教师要将拓展阅读贯穿于学生学习的始终，在课前课后、课内课外，培养学生的个性化阅读能力，提高学生的阅读质量。

小学语文教材中的阅读是最为基本的阅读资源。在新课标中对学生的阅读进行了明确的规定。想要达成其所要求的阅读量，教师就要将教材中的阅读内容与拓展阅读有机结合。在阅读教学中，教师要加大学生的阅读量，让其阅读经典的书籍。不仅要开展自主阅读，还要与大家进行合作交流，在讨论中加深学生对阅读材料的理解。当今社会是信息化时代，教师要充分利用现代信息技术的作用，激发学生阅读的热情，使学生真正成为阅读课堂的主人。现在的网络资源也极为丰富，教师可以引导学生在网络中阅读优质的文章，但教师要对网络中的阅读材料进行筛选，为学生选择适合其阅读，并能够促进其健康成长的阅读材料。使学生在不断的阅读中提高自身的文学素养。

二、借力教材内容,拓展阅读教学内容

人教版语文教材中的课文都是经过精心挑选的,具有丰富的人文内涵。在开展小学语文拓展阅读教学时,除引导学生掌握语文知识之外,还有很大的拓展空间。所以,想要高效地开展拓展阅读,就要以小学语文教材为出发点,为学生进行适当的拓展与延伸,丰富学生的学习内容。教师若想提高小学语文阅读效率,就要从以下三个方面入手:一是在教学的难点中拓展。小学生的年龄较小,生活阅历不足,在学习时总会遇到难以解决的问题。教师不仅要对知识点进行详细的讲解,还要通过大量的阅读提高学生对文章的理解与感悟,帮助他们解决难题;二是在能力发展点上拓展。开展阅读教学是为了培养学生的语文理解能力,促进学生语文素养的发展。拓展阅读能够丰富学生的知识视野,在提高学生阅读能力的同时,帮助学生学习各方面的知识,提高学生的综合能力;三是在学生的兴趣方面拓展。兴趣是学生学习的最佳动力。在学生的兴趣方面开展拓展阅读,能够达成事半功倍的效果。

例如,在学习《草船借箭》一课时,教师引导学生充分认识诸葛亮的神机妙算和足智多谋,学生会产生对诸葛亮的强烈兴趣,教师就此可以因势利导,引导学生阅读名著《三国演义》。依据教材内容进行拓展阅读,可以促进学生综合素质的发展。

三、利用多种活动,提高拓展阅读成效

教师在教学中要培养学生的拓展阅读兴趣,提高拓展阅读的教学效果,培养学生积极阅读的习惯。要想达成这些目标,教师就要定期为学生开展阅读活动,使学生在轻松自由的阅读氛围中主动积极地阅读。教师可以组织学生定期开展读书交流活动,使学生在相互的交流和沟通中提高文学素养,培养合作能力。教师也可以组织学生开展读书成果竞赛,举办读书演讲活动、读书知识竞答等活动,将学生的竞争意识充分激发,挖掘学生的潜在能力,促进学生的全面发展。多样化的活动对拓展阅读教学效率的提高有着促进作用。

拓展阅读教学是小学语文教学中的重要组成部分,对学生的成长有着积极影响。在小学语文教学实践中,要充分发挥教师与学生的主动性,明确拓展教学的要求,还要通过教材中的内容,将其阅读内容进行拓展。同时,教师还要利用多种教学活动,提高拓展阅读教学的效率。有效的拓展阅读教学策略,可以充分发挥学生的主观能动性,使学生享受阅读,真正爱上阅读,促进学生综合素质的发展,促进学生5C能力得到更好的发展。

第五章

儿童哲学视域下小学语文教育的教学设计

第一节　智慧:《晏子使楚》教学设计

　　《晏子使楚》是人教版五年级下册课文,记叙了春秋时期齐国人晏子出使楚国,凭借自己的冷静、机智和能言善辩维护个人和国家的尊严、不辱使命的故事。课文由"进城门""见楚王""赴酒席"三个小故事组成,三个小故事的记叙方法基本上一致,都是先写楚王想侮辱晏子,再写晏子智斗楚王,最后写楚王只好认输。课文语言叙述简洁生动,通过对话展开情节,刻画人物,让我们体会到了楚王的目空一切、傲慢无理,展示了晏子的一身正气和过人智慧,体现了晏子这位出色的政治家、外交家机智灵活的论辩技巧和他处处以国家尊严为重的凛然气节。全文以事件的起因、经过、结果为序,先交代了时代背景和事件的起因,中间叙述了晏子与楚王三个回合的斗智过程,最后以一句话交代斗智的结果,结构精巧,紧凑完整,故事情节高潮迭起,扣人心弦,具有极强的故事性。

　　课堂是学生学习的阵地,学生才是课堂的主人。要让学生主动参与到学习中来,需要教师创设富有情趣的教学活动。本节课教师一方面落实课程目标,让学生通过多种形式的读书交流,理解文章内容。特别是让学生在感触深刻的地方学习做批注,逐步培养学生独立阅读的能力。分角色朗读、表演课本剧是孩子喜欢的节目,是一种需要调动多种才能的综合活动,可以充分发挥学生的创造能力。为了演好角色,学生就必须主动去读课文,揣摩人物的心理,设计符合人物身份的动作、语气、表情,展示人物形象的独特魅力,在个性化的审美体验基础上进行创意表达。另一方面通过对故事内容的了解,理解晏子出使楚国时表现出的聪明、才智和维护齐国尊严的思想品质,并初步感知什么是智慧,以及智慧的作用。

一、教学目标

(1)理解句子间的逻辑关系,学习简单的推理。
(2)正确流利地朗读课文,创造性地复述课文。
(3)了解故事内容,理解晏子出使楚国时表现出的聪明、才智和维护齐国尊严的思想品质。
(4)初步感知什么是智慧,以及智慧的作用。

二、教学重点、难点

重点:能比较准确地复述课文,表达课文的思想感情。
难点:理解晏子出使楚国时表现出的聪明、才智和维护齐国尊严的思想品质。

三、教学过程设计

(一)谈话导入

(出示晏子像)通过课前预习,你对晏子都有哪些了解?
小结:正像同学们所说的那样,晏子身高不过五尺,是齐国的大夫,是当时著名的政治家、外交家。有一回,齐国派晏子到楚国去,于是有了我们今天要学的这个故事。(板书课题)
齐读课题,初读课题,你知道了什么? 还有什么想了解的?

(二)初读课文,整体感知

(1)用你喜欢的方式读读课文,注意读准字音,读通句子,把你认为容易读错的地方多读几遍。
(2)(出示字词)谁愿意当小老师领着同学们把这些词语读准确? 你还有哪些不懂的词语吗?
(3)默读课文,想一想课文围绕晏子使楚讲了哪几件事情? (随机板书)
(4)楚王这样对待晏子,结果呢? 晏子是如何赢得楚王的尊重的?
(5)小结:正像同学们说的那样,晏子凭借机智的语言赢得了楚王的尊重。
(6)把晏子说的话在书中画出来。

(三)细读课文,思考领悟

1. 学习第一个故事
(1)(出示第一段话)指名读,其他同学边听边想一想,晏子是在什么情况下说这番话的?

（2）再来读读晏子的话,想一想,你从中能体会到什么?

（3）学生交流,教师随机指导并板书。(引导学生谈出晏子聪明、勇敢、爱国以及楚王的仗势欺人、霸道等)

（4）有感情地朗读晏子的话。

小结:通过同学们的朗读,老师仿佛看到了那个机智、爱国的晏子,他不仅维护了自己的尊严,也维护了祖国的尊严。

2.学习第二、三个故事

（1）你还从晏子说的其他话中体会到了什么? 自己读读晏子说的其他的话,把你有感触的地方在书中进行批注。

（2）把你的看法与小组的同学交流一下。

（3）全班交流,教师随机指导。

（4）分角色朗读第二个故事;有感情地朗读第三个故事;感兴趣的同学课下可以把它们排演成课本剧。

（5）如果你是晏子,你会怎么做?

（6）你觉得晏子的智慧有什么特点? 如果让你来讲讲什么是智慧,你觉得它可能是什么?

（7）智慧在故事中有什么作用? 智慧对我们生活有什么作用?

（学生讨论）

（四）课后延伸,迁移运用

（1）我们从三个故事中领略了晏子卓越的外交风范,老师这儿还有一段话(出示课后古文,教师范读),同学们看一看,从中你能不能发现什么?

（2）小结:中华五千年,有着丰厚的智慧文化,刚才同学们看到的这段文言文就是其中之一,课后同学们可以对照课文再仔细读读这段话,品味中国古代智慧的魅力。

（3）感兴趣的同学可以再搜集一些古今名人维护自己和祖国尊严的机智故事(如"完璧归赵"的蔺相如),我们下节课一起进行交流。

四、教学反思

作为略读课文,其目的是引导学生把精读课文中学到的基础知识和基本技能运用到阅读实践中,通过阅读实践,培养和提高学生的阅读能力。因此,在教学设计上,本课以学生自主学习为主线,通过开放性哲学对话和趣味性哲学游戏的教学策略,设计"说一说""议一议""演一演"的学习活动,引导学生了解楚王三次侮辱晏子,晏子是怎样反驳楚王,为自己和齐国赢得尊重的故事。

李普曼主张在探究群体的情境中发展语言和思维,通过优质对话促进优质思维发展。对话能使我们集思广益,而不再仅仅局限于我们自己的思维模式。这种对话涵盖了大量的思维技巧和智力行为。通过对话这个外显的玻璃,我们得以进入思维这个内隐的容器。本课组织学生以圆桌讨论的形式相互提问,根据文本进行哲学探讨,做出智慧特性描述,甚至定义,进行智慧作用的推理,帮助学生感知智慧,促进学生对智慧及其作用的认识。

趣味性哲学游戏让多种相互矛盾的性质在游戏中可以达成"对立面的统一",这源于游戏具有双重性的显著特点。在《晏子使楚》课本剧的表演中,一名学生扮演晏子,一人扮演楚王,两人扮演接待的人,进而引导学生把自己置身于故事之中进行理解和体验。游戏所得:孩子在角色扮演中必须立足于不同角色的立场,从自己的立场出发,逻辑清晰地发表自己的观点。这样的游戏,既有趣又发展了儿童的逻辑推理能力和独立思考的能力。学生把故事演得栩栩如生,将晏子的智慧和才智表现得淋漓尽致。

通过表演,使学生真正地"活"起来,处于一种宽松、和谐、愉快的氛围中;使学习成为一种享受而不是沉重的负担,学生们的思维不受压抑,而是处于被"激活"状态;使获取的知识不只是学生头脑中的一种抽象的文字记忆,而是已成为学生自身的一种能力、一种潜质。当学生真正感受到晏子语言的妙处时,读起课文来津津有味,爱不释手,越读越想读,甚至拍手称快,拍案叫绝。

第二节　视野:《井底之蛙》教学设计

《井底之蛙》是北师大版语文四年级上册第十一单元"大与小"中的一篇课文。课文是根据《庄子·秋水》中的一段文字改写而成的。课文讲的是生活在浅井里的青蛙孤陋寡闻、盲目自大,把自己看到的一个角落当作整个世界,当它知道鳖生活的东海无限宽阔之后无地自容的故事。这则寓言故事讽刺了那些见识短浅而又盲目自满的人。通过教学,教师从儿童哲学角度帮助学生感知什么是视野,以及视野不同对人们认识、观点所产生的影响,激发学生从小明白打开视野的意义,进而勤奋好学,博学广识,不做井底之蛙。

一、教学目标

(1)在反复诵读课文的过程中理解"夸耀""安然休息""瞠目结舌""渺小"等词语在文中的意思。

(2)读懂课文,感受井底之蛙见识浅陋、目光短小、孤陋寡闻,只见一井之水,不知沧海之大;从而感悟"井底之蛙"的寓意是比喻目光短浅、见识浅薄的人。

(3)借助白话文,在诵读中初步感知文言文言简意赅的特点。

(4)初步感知什么是视野,及不同视野对人们生活观点(生活感受)的影响。

二、教学重点、难点

重点:在反复诵读课文的过程中,感知大海的辽阔无垠,想象东海之鳖在海中获得的快乐,进而领悟寓意。

难点:视野与观点;观点与生活感受的紧密关系的理解。

三、教学过程设计

(一)复习旧知,引入问题

师:今天我们继续学习一则寓言故事《井底之蛙》。

(1)复习生字词。

(2)你能抓住关键词来告诉大家故事的主要内容吗?

【设计意图】　本环节通过复习生字词,巩固上节课所学内容。引导学生学会抓关键词概括课文主要内容的方法。

(二)研读体会,感悟明理

师:为什么小青蛙会有这样的变化呢? 这节课我们将围绕这个问题感悟故事的寓意。

1. 自主阅读

(1)请仔细读读青蛙说的话,用△△划出相关重点词,并说说体会。

(2)分享交流:

引导抓住关键词,感受这是一只(　　)的小青蛙,并指导朗读。

引导抓住"这里",联想浅井的样子,借助多媒体,出示井的剖面图。

(3)指导朗读。

(4)指导学习"耀"字。

【设计意图】　这一环节指导学生通过抓关键词语来体会井底之蛙的快乐、得意和骄傲,并能把自己的体会读出来,引导学生在读中悟,从而关注学生的生活经验和生活体验,重视社会实践活动。运用多媒体展示"浅井",更直观地感受青蛙的"井",使得含有深刻道理的寓言故事更易于理解。

2. 迁移对比,感受"大"乐

(1)质疑过渡。

师:可是这只青蛙的态度发生了翻天覆地的变化,它觉得自己非常——渺小(板书:渺小),这是为什么呢? (板书:东海之鳖)

(2)学习东海之鳖说的古文。

(3)指导朗读。师配乐范读,指导生读,注意读准字音,读出古文语调节奏。

夫/千里之远,不足/以/举其大;千仞之/高,不足/以/极其深。禹之时/十年九潦,而/水/弗为加益;汤之时/八年七旱,而/崖/不加损。夫/不为/顷久/推移,不以/多少/进退/者,此/亦/东海/之/大乐/也。

(4)结合大海的资料,理解话意。

(5)指导朗读课文第二自然段。

欣赏完东海之鳖所生活的大海,你有什么想说的吗? 带着你对海的想法,将课文所描绘的辽阔的海美美地读出来。

【设计意图】 补充资料可以把东海之鳖所描述的大海更直观、更生动地展示在学生面前,有助于学生体会大海的辽阔、深远和丰富多彩,进而和井底之蛙的那一口浅井形成鲜明的对比。老师通过多范读、指名读等方式,让学生初步感知文言文言简意赅的特点。

3. 体会寓意,畅谈心得

(1)反思内省。

此时如果你是小青蛙,你心里会想些什么呢?

小青蛙的视野是怎样的? 它的观点又是什么?

东海之鳖的视野是怎样的? 它的观点又是什么?

(2)回读释疑,感悟寓意(播放视频)。

(3)拓展延伸,教师总结。

但愿这个故事能像一颗智慧的种子,种在你心里,引领你勤奋好学、积极上进,让你的目光更远,见识更广,让你不自大、更谦虚好学,找到属于自己的快乐。

【设计意图】 对话是儿童哲学的核心,是其最基本的要素。本环节引导学生把自己的想法和独特的体会表达出来,使学生在充分地交流中,在集体智慧的碰撞中加深对课文的理解,认识到任何时候都不能骄傲自大,要不断增长知识,开阔眼界。

(三)交流探讨

1. 青蛙的困惑:走还是不走?

师:大海是这样的无边无际,东海之鳖走了以后,到大海去生活就成了青蛙的又一个梦想。晚上青蛙做了一个甜甜的梦,梦见自己背着行囊,跳出井口,向大海跳去。在路上碰到了松鼠阿姨,就是那只劝小马不要过河的松鼠阿姨,松鼠阿姨听了他的话以后说:"别去了,海那么远,你要到海边去,中间要吃很多苦的,要经过茫茫沙漠,经过高山深涧,可能会遇到暴风骤雨,可能会遇到豺狼虎豹,要经历无数的严寒酷暑,多辛苦呀,你还不如舒舒服服地待在井里,享受你的快乐呢!"梦中的青蛙不知道该怎么办了。从梦里醒来,他很困惑:走还是不走? 同学们,你来帮青蛙拿一下主意好吗?

2. 课堂讨论

课堂展开讨论。

3. 小结

师：通过你们的讨论，我发现这则寓言还可以从另一个角度来理解和看待：青蛙有青蛙的"小快乐"，鳖有鳖的"大快乐"。青蛙在井底很快乐，鳖在大海很应。青蛙不可能有鳖的眼光，鳖也不可能像青蛙一样跃、攀、躲、跳。课文写鳖不理解青蛙的快乐，而青蛙即使到了大海也享受不了鳖的快乐。所以，是否快乐，要看什么样的环境适合谁，也要看个人的追求。

【设计意图】　本环节进一步引导学生感受不同观点背后的生活感受，辨析、品味不同的生活滋味，引导学生树立正确的人生价值观，激发学生树立目标，走向广阔的天地。对待极具儿童化的哲学问题，重要的不是给以一个确定的行动性的答案，而是给予学生一个哲学谈话的探索过程。在探索中，学生们对生活的不确定性才有了真切的认识，判断力和选择力才能有所增强。

（四）实践性作业设计

（1）小练笔：续写《井底之蛙》。

（2）推荐阅读相关的课外书，积累更多的寓言故事。（结合介绍：西方的《伊索寓言》是一部世界上最早的寓言故事集，相传伊索是公元前 6 世纪的古希腊人，善于讲动物故事。）

【设计意图】这样设计作业不仅可以对文本进行拓展，而且还能锻炼学生的写作能力，真正做到读写结合，培养学生的语文综合素养。

（五）板书设计

井底之蛙

	视野	观点（生活感受）
青蛙：	渺小	目光短浅（小快乐）
鳖：	博大	见多识广（大快乐）

四、教学反思

（一）珍视学生独特的感受、体验和理解

《义务教育语文课程标准》指出："阅读是学生的个性化行为，应引导学生钻研文本，在主动积极的思维和情感活动中，加深理解和体验，有所感悟和思考，受到情感熏陶，获得思想启迪，享受审美乐趣。"《井底之蛙》是一篇非常有趣的寓言，文章通过生动有趣的

对话,向孩子们讲述了一个寓意深刻的故事。有名人曾说,学寓言应该让课堂充满童趣,还孩子一份童真,不能用唯一、标准的寓意来框定学生的思想。案例中我对教学的处理体现了我对童心的珍爱,对童趣的珍视。

(二)语文学习的外延和生活的外延相等

的确,哪里有生活,哪里就有语文;生活中处处有哲学,生活中处处洋溢着语文气息,学习语文是为了更好地生活。案例中我把握契机,提出"青蛙的困惑:走还是不走?"由此在课堂上展开了一番激烈的讨论。学生读文后,对课文内容产生不同的想法是自然合理的,教师应适时引导他们阐明自己的观点。

课堂上,教师通过设问一步步启发,让学生自己寻找问题的答案。学生们也不再唯老师是从,或质疑或反驳,思想的火花不断碰撞,课堂上充满哲学思辨味道。儿童会在丰富的生活中不断地转移兴趣,哲学问题没有得到一个肯定的答案对儿童生活的延续并没有影响,相反,因为有了这个探索的过程,儿童对生活的思索能力得到了增强。可以说,哲学谈话主要是通过对话引导儿童自主地和成人一起关注生活,当然,此过程中更重要的是对儿童内在自由精神的培养。

第三节　角度:《画杨桃》教学设计

《画杨桃》这篇是统编版小学语文二年级下册的课文。课文内容讲的是一个小学生在一次图画课上,把杨桃画成了一个五角星的东西,结果受到了同学们的嘲笑,但最终他被老师表扬的事情。通过这篇课文,作者要告诉我们的道理是:你看东西的角度不同,画出来的东西也就不一样。一定要实事求是,看到什么就画什么。在生活中,我们也应实事求是,相信自己的眼睛,这样我们就能在生活中科学、客观地处理问题。

一、教学目标

(1)知道同一个事物从不同角度去看,会有不同的结果。
(2)理解父亲和老师的话中蕴含着的深刻的道理。
(3)抓住重点句子理解课文内容。

二、教学重点、难点

(1)重点:能联系全文内容,感悟老师通过画杨桃这件事所说的道理。
(2)难点:学会实事求是地思考和处理问题。

三、教学过程设计

(一)多种方式读课文

(1)大声朗读课文。

(2)轻声朗读课文。

(3)默读课文,说说对课文的理解和质疑。

(二)理解课文重点

(1)找出课文第17自然段,读一读。

(2)拿出两只杨桃,放在学生们座位的中心,让学生各自去画自己所看到的杨桃。

作画要求:仔细观察,按自己对课文的理解去画;不会画的,再读课文,边看、边读、边画;只画轮廓,不必细描。

在学生作画过程中,老师进行课间巡视,并收集几幅具有典型性的学生作品。接着使用投影仪展示这几幅学生作品,请学生对作品进行评价。之后,教师评价学生的评价。

如学生评价得不够准确,可请学生再读读课文,从课文中找出正确的评价别人作品的方法来,并读一读。

"老师看了看这幅画,走到我的座位坐下来,审视了一下讲桌上的杨桃。"

"老师请这几个同学轮流坐到我的座位上。"

通过学习课文中正确评价别人作品的方法,让评错的学生自己寻找评错的原因,并再次评价。

请作画的学生来读课文,让他用课文中的语句来说明自己为什么能画得很正确。

第17自然段中的"看的角度不同,杨桃的样子也就不一样。"

(3)提问:刚才我们作画和评价时,大家发现没有,我们引用的课文语句,大多在哪些段落?在文中画出来,请同学上来读一读。再请学生齐读。

(4)总结学习方法:抓住重点段落章节,在重点段落章节中再抓住重点语句,就能较深入而准确地把握文章内容和思想,这是一个普遍有用的阅读方法。

(三)小结学习,思想升华

(1)什么是教诲?为什么这教诲让我终生难忘?

(2)画杨桃要"是什么样,画什么样",那么做其他事情呢?

（四）有感情地朗读全文

分角色朗读，老师也参与朗读。

（五）总结全文

当别人的想法同自己不一样时，不要轻易下结论，要看人家是从什么角度去看的；自己也应实事求是，相信自己的眼睛。这样我们就能在生活中科学、客观地处理问题。

（六）课后实践活动

日常生活中你听到或遇到过像画杨桃那样的事情吗？如果有，请讲给同学们和家长听。

四、教学反思

《画杨桃》这篇课文的教学设计，主要实现学生自主学习、自悟自得，教学中注重适时渗透儿童哲学思考。

（一）自读、自悟、质疑

上课伊始，首先引导学生用各种方式诵读课文三次，然后让学生自由表达质疑。引导儿童追求智慧，孩子天生就是哲学家，关注儿童好学、好思、好问的哲学天性，孩子们读书后，都应该有一种"读完了就想说一说"的冲动，此时可不向学生提出任何问题，而是请学生自主地、自由地站起来说一说自己对课文的理解、体会、心得，甚至感觉、感受和疑问。在老师的激励下，学生纷纷举手发言。这些发言，不但培养了学生自读自悟、表达质疑的能力和习惯，也使教师了解了学生初读之后对课文的理解程度和疑难所在，为教师下一步的教学提供了学情参考。从学生的发言和质疑看，他们理解的重点放在了"角度不同、样子不同"和"是什么样、画什么样"之上，而疑难也同样产生在这两点之上。此时，儿童哲学思想已萌发。

（二）亲身实践、思考体验

哲学与语文等语言学科有着天然的联系，从本质上看，所有的哲学都是语言课。直接经验与间接经验、多角度看待事物发展、事物是多面的、坚持自我等话题都能激发学生富有哲理地思考。

老师把杨桃放在学生们座位的中心，让学生各自去画自己所看到的杨桃。让学生仔细观察，按自己对课文的理解去画；不会画的，再读课文，边看、边读、边画；只画轮廓，不必细描。学生兴致很高，大家都转身面对杨桃静静地画起来。学生从四面八方去看，就有了四面八方各种不同的角度,在学生作画的过程中,老师又请学生朗读"能够指导正确作画"的第 17 自然段。这样边读、边看、边画的过程,非常明确地表明了作画的目的并不是练习绘画,而是通过"画"这一手段、这一过程,让学生亲身实践、亲自体验课文所讲的事实,并进一步理解这些事实所蕴含的道理。要做到"是什么样,画什么样",并不像说起来那么容易,必须像课文中说的那样,要相信自己的眼睛,也必须像文中的"我"那样"认认真真地看,老老实实地画"。这种"明理"的教学设计,表现了老师的智慧,这些道理,经过读书思考与实践体验的结合,使学生理解深刻。

(三)相互评价、深入领悟

在学生作画过程中,老师收集几幅具有典型性的学生作品,把学生的作品用投影仪放大到屏幕上,请同学们对作品进行评价。学生认为画得不像。老师又说,再读读课文,你们能从课文中找出正确评价别人作品的方法来。学生们又认真读书,经过一阵沉默和思考,有学生找出了这两句:"老师看了看这幅画,走到我的座位坐下来,审视了一下讲桌上的杨桃。""老师请这几个同学轮流坐到我的座位上。"读了这两句话,老师再请同学来评价其他同学的作品,此时学生说出了:"看的角度不同,杨桃的样子也就不一样了"等句子,因为只有与作者在同一个角度观察,眼里看到的杨桃才是一样的。

经过这一番评价、思考、再评价,学生较深刻地领悟了课文中蕴含的道理。

(四)把握重点、思想升华

在学生领悟课文蕴含的道理后,老师向学生提出:"刚才我们作画和评价时,大家发现没有,我们引用的课文语句,大多在哪些段落?"学生一下子指出课文第 1、12、17 自然段。老师再一次请大家朗读这几个段落,并指出,读一篇文章,要抓住它的重点段落章节,在重点段落章节中再抓住它的重点语句,就能较深入而准确地把握文章内容和思想,这是一个普遍有用的阅读方法。这时,老师引导学生"跳"出课文,从"画杨桃"这一特定事件中,把思考引向更广泛的领域:画杨桃要"是什么样,画什么样",那么做其他事情呢?经过师生举例说明,最后归结出"实事求是"四个字。于是,一篇浅显的文章,启发了学生的思考。整个教学设计少提问、分析,多读想、感悟,符合阅读教学以读为本、以读促思的教学目标。

第四节　溯源:《想飞的乌龟》识字教学设计

本课为北师大版一年级下册课文,适合第一学段(1～2 年级)学生学习。为了帮助学生更好地学习科学分析汉字的方法,更好地培养学生运用汉字的能力,我们依托教材,利用和根据汉字"举一形而统众形"的特点,以及小学生的思维特点,设计了系统识记"心""口"两个部件及相关生字的课例。

汉字作为语素文字,是形音义的统一体。学习和认识每一个字,就是一次哲学思辨的过程。这个字是什么? 这个字从何而来? 这个字为什么这样写? 这个字为什么这样用? 这些问题都充满着朴素的辩证规律。本节课中,"'心'字是怎么来的"这个问题的解决,就引出了"心"部字是怎么来的问题的探讨与学习。由于大部分语气词与"口"部有关,所以从对"口"部的学习入手,让学生知其然并知其所以然,正体现了学习的层次性。汉字的书写体现了对立统一的哲学观:左右相谐,高下相倾,穿插避让,教师可利用讲解构字于教学的过程中带给学生潜移默化的哲学思维方式的影响。小学低年级学生具有好奇、敢于想象的特点,这对他们学习识字有很大的帮助。但在识字方面还存在学习不够系统,掌握不得法、不扎实等突出问题,因此,如何通过探索汉字的来源,学习科学分析汉字的方法,渗透了哲学的溯源思维,是小学低年级识字写字教学的一种重要方法,也是提高学生认识事物能力的一种重要方法。

一、教学目标

(1)引导学生运用意音构字法系统识字,掌握汉字的演变;会认"听""吧""叼""想""忍""根""棍""端""掉""摔""裂""纹""法""野""重"15个生字,拓展认识一批意音字;规范书写"听、想、要"3个字。

(2)正确、流利、有感情地朗读课文,读出对话中的语气和表情;能根据提示简要复述课文主要内容。

二、教学重难点

(1)重点:引导学生科学分析带有"心""口"部件的汉字。

(2)难点:溯源思维的特点与操作方法。

三、教学过程

(一)课前热身,学生谈愿望

1. 猜字游戏

师:板画:(♡),同学们,这是什么呢?

2. 学习"心"部

师:同学们,你们还记得带有"心"字底的字有哪些吗?

师:我们来看看"想"字。"心"表意,表示心有所思;"相"表声,指眼睛注视物体,想表示用心在思考问题。想=(相)音符+(心)意符,想是个意音字。

师:那么,"愿"的音符和意符分别是什么呢?

师:"愿望"就是心中期望实现的想法。

师:同学们知道"心"是怎么来的吗?

师:这是一个心脏的形状,古人用它来代表"心"。甲骨文的"心"是一个象形字,一个汉字就是一幅画。

师:从"心"字的来源,同学们感悟到汉字造字有什么特点?

3. 生谈愿望

小结:"心"字旁的字多与心理、思想、情感等义有关。

【设计意图】　本环节意在从"心"字入手,通过师生互动,引导学生运用意音字的构字方法学习分析"想""愿"两个字,同时拓展学习"心"部字,既为下面的学习做好铺垫,又巧妙地点出了课文的主题——愿望。

(二)揭示课题,引导学生自主学习

师:今天,吴老师给大家带来一个有关"愿望"的童话故事,故事的题目是《想飞的乌龟》。(板书课题)

生:齐读课题。

师讲故事,学生倾听。

师提阅读要求,生读文。

师:同学们,这个有趣的故事就藏在我们的语文书第57页。请你们轻轻翻开课本读一读吧!注意做到第一,碰到难读的地方多读几遍,把句子读通读顺;第二,用序号标出每一个自然段。

指名读文,适时正音。

【设计意图】　本环节引导学生从课题的书写入手,通过设置悬念,意在激起学生的学习兴趣。然后老师声情并茂地讲故事,自然而然地把学生带进故事的情境,"未成曲调先有情",接着让学生自读课文,充分感知文本信息,为下面的生字教学做好充分的预热。

(三)学习生字,理解课文

1. 科学识字

(1)学习"口"字旁的字。

师:哪个小老师来带读生字"听""吧",如果他读对了,其他同学跟读两遍。

师:这两个生字都带有"口"字旁,它和什么有关? 你能说说你认识过的带有口字旁的字吗?

(2)体会语气词的作用。

师:老师发现这些语气词都藏在1～6自然段中。这些语气词一般都放在句子的什么位置呢? 生:我发现它们都在句子末尾。读这样的句子,要注意读出语气。

师:请同桌互读,读得好的夸夸他,读不好的帮帮他。

师:请两位朗读高手读一读。注意语气。

师:现在我们男女生分角色朗读,老师来读旁白部分。

【设计意图】 本环节从复习"口"部字入手,再学习生字并拓展学习"口"部字,传授学生科学分析汉字的方法,帮助学生掌握系统识字方式,"举一形而统众形"。这样从学生已有的知识引入,激起学生最近发展区的兴奋点,这是符合学生阶段性学习特点的。另外,语气词的学习是本单元的重点,很多语气词所从的部首都是"口"部,直接在这一环节解决课文第1~6自然段中有关语气词的学习内容,可谓一举两得。

2. 了解办法

(1)开火车读词。(一根,棍子,两端,掉下,摔出,裂纹,田野,办法)

(2)找一找小鸟想出的办法。

(3)理解"叼"的意思,演一演。

(4)实物了解"棍子的两端",了解"端"的其他含义。

3. **词组练读**

师:同学们,在我们的课文中除了语气词要读轻声外,这些词组中红色的字也要读轻声哦! 我们合作读吧!

师:同学们,如果这些轻声读得好的话,课文就能读出节奏了。

师:(课件:古屋图)"极"原指房屋正梁,即屋脊。处在房屋的最高处,所以就有顶点、尽头的意思,也表示非常、达到最大限度的意思。开心极了,就是开心到极点。乌龟不能飞,很伤心,就可以说伤心极了……

生仿说句式:乌龟开心极了,忍不住喊起来:"太美了! 啊——"

(　　　　　)开心极了,忍不住(　　　　　　　　　)。

(　　　　)(　　　　　)极了,忍不住(　　　　　　　　)。

师:词语不仅要会读,而且要会用。接下来,我们就选择恰当的词组填空,说说这篇课文的主要内容。恭喜同学们成功闯过生字关!

生:齐读课文。

师:今天,我们认识了一只"想飞的乌龟",你喜欢这只小乌龟吗?

师:乌龟实现了飞天的愿望,他在天上看到了哪些美景? 他摔下来以后会想些什么? 下节课我们继续学习吧!

师总结:同学们,这节课我们认识了一只勇敢的乌龟,一只有梦想的乌龟,它在追梦的过程中积极努力,在小鸟的热心帮助下终于实现了自己的飞天梦,我们也要像它一样敢想、敢做,努力去实现你们的愿望吧!

【设计意图】 本环节先通过形音义结合及借助图片理解"极"字,进而理解"开心极了"一句的意思,引导学生联系生活模仿说句、造句,使学习由字到词,由词到句,由学文到运用,体现了教学的层次性和有效性。

(四)快乐书写,加强记忆

(1)指导"听、想、要"写法。

(2)写、评。

【设计意图】　写字指导从整体结构入手,引导学生分析各部件,老师先范写,意在既让学生看清楚记忆后再书写,又纠正学生写字时看一眼写一笔的不良习惯。练习的点评,又是对学生书写的进一步指导。

四、教学反思

《义务教育语文课程标准(2022年版)》提出:"要运用多种识字教学方法和形象直观的教学手段,创设丰富多彩的教学情境,提高识字教学效率。"本课案例探究点是"怎样运用科学的识字方法教学生系统识字",以系统识字方式,传授学生科学分析汉字的方法,激发学生识字的兴趣,提高学生识字的效率。在本节课的教学中,教师紧紧围绕课标要求,善于挖掘哲学元素,注重课堂教学与儿童哲学的融合。一方面汉字的书写体现了对立统一的哲学观,生字教学过程中能给学生潜移默化的哲学思维影响;另一方面结合低年级学生的思维特点,利用有趣的故事作引线,追溯汉字起源,不断激发学生学习的兴趣,体现了童真、童趣。在生字教学中,注重引导学生学会辩思,拓展思维,关注学生的情感交流和情感思维,鼓励学生敢想、敢质疑、敢表达。总之,这堂课上,学生语言文字的积累和逻辑思维的训练得到了提高;学生的语言表达能力和想象力得到了发展。

第五节　推理:《惊弓之鸟》教学设计

《惊弓之鸟》是人教版三年级下册的课文。讲述的是古时候魏国有一位有名的射箭能手更羸,不用搭箭,只需拉弓,便将天上飞过的一只大雁"射"下来的事,从中反映出更羸善于思考,并能根据所见所闻做出正确分析的特质。

这篇课文通过人物对话来推进情节发展,并用因果倒置的叙述方式谋篇布局,设置了更羸是如何不用箭就"射"落大雁的悬念,先讲述了更羸"射"大雁的经过和结果,接着讲述了大雁掉落的原因,突出更羸善于观察和分析的品质,令人不得不对一个射手的智慧和境界击节叹服。

聪明的射手是在一次次发现问题,又一次次的解决问题中成长起来的,同样,聪明的学生是在老师的启迪下一次次地自己发现问题,又一次次地自己解决问题中成长起来的。本课教学以"向更羸学一招推理的本领"为主线创设情境,"小福尔摩斯"们来破这个"惊弓之鸟"案,从课文中寻找蛛丝马迹,理清线索,介绍案情前因后果,以"推理"破案作为教学的主线。课堂对话以苏格拉底的"产婆术"展开,引导学生同更羸一起观察、分析、推理、判断,提升学生的逻辑思考能力。在此基础上,设计拓展延伸环节"大王有一次到郊外去,看到一只边飞边鸣的大雁,也学更羸的样子,拉动弓弦,但大雁不落,这是为什么呢?有哪些可能?"进一步拓展学生的思路,培养学生的发散性思维、创造性思维,引导学生对各种不同可能性进行猜想、验证、辩驳,以此突破教学难点,使学生明确把观察、思考和实践经验结合起来的思维方法是正确的,是值得学习的。

一、教学目标

(1)学习本课生字,能联系上下文懂得"能手""并不""直""大吃一惊""孤单失群""惊弓之鸟"等词语的意思。

(2)理解更羸最后说的四句话之间的推理的逻辑关系,体悟推理。

(3)了解课文内容,能从更羸的善于观察、善于分析中受到启发。

(4)能分角色朗读课文,复述课文。

二、教学重点、难点

(1)重点:读懂更羸的话,联系全文内容,体会更羸分析判断的正确。

(2)难点:理解更羸最后说的四句话之间的逻辑关系,根据魏王由"不信"到"吃惊"、"奇怪"的态度变化,使学生明确把观察、思考和实践经验结合起来的思维方法是正确的,是值得学习的。

三、教学过程设计

(一)创设情境,提出问题

师:大家一起阅读《惊弓之鸟》,读读课题,想一想,这篇课文主要讲了什么?

师:今天我们来学这个成语故事,同时要向更羸学一招推理的本领,来破这个"惊弓之鸟"案。破案先要干什么呢?

生:找线索。

师:对,我们先找第一条线索:更羸为什么只拉弓不用箭就能射下雁?这条线索怎么理清?我们先去倾听作者是怎么告诉我们的,自读后讨论。(给学生充分的时间读书,学生自读自悟后组内分工讨论)

师:好,下面请各位发表意见!

生:因为这是一只受过箭伤的鸟,伤口没有愈合,又与同伴分开,得不到帮助。

师:更羸怎么就知道这是一只受过箭伤的鸟?

(1)大雁飞得慢,是因为它受过箭伤,伤口没有愈合,伤口还在作痛。

(2)大雁叫得悲惨,是因为它离开同伴,孤单失群,得不到帮助。

所以更赢知道这是一只受过箭伤的鸟。

师:还有别的理由吗?

生:它一听到弦响,心里很害怕,就拼命往高处飞。它一使劲,伤口裂开了,就掉了下来。

师:快速读一遍课文,然后合上课本,敢接受挑战吗?

(师将"弦响""害怕""高飞""裂开""掉下"这几个词贴在黑板的方框内)

师:用上"因为……所以……"来说一说大雁直掉下来的经过。

生:因为大雁听到弦响,所以心里就害怕,一害怕就拼命往高处飞。

生:因为它拼命往高处飞,所以伤口就裂开了,结果从天上直掉了下来。

(二)层层推进,叩击文本

师:我们弄清了更赢只拉弓不用箭就射下大雁的原因,问题解决了,这黑板上的内容可以擦掉了吗?

生:当然可以。

师:真的吗? 老师觉得一个有责任心的警官破案到一定程度时,肯定会想:这个案子就这样结案吗? 还有没有其他原因?

师:(满腹疑虑地)只拉弓不用箭大雁就直掉下来,问题的症结在哪里?

生:那是因为大雁很害怕。

师:不错,可为什么会那么害怕呢?

生:因为它受过一次箭伤。

师:有道理。请同学们展开想象的翅膀,用语言描述大雁第一次受箭伤的情景。

生:一天,大雁在天上自由自在地飞,忽然听得"砰"的一声,大雁没去理会。说时迟,那时快,一支箭正中它腹部,幸亏不是要害,但它还是吃尽了苦头。

生:那天,大雁在天上飞,瞧见地面上有许多人朝它指指点点,很开心,以为人们在赞美它,防备之心一点儿也没有了。没想到会遭此厄运,不过大难不死,真是不幸中的万幸啊!

生:刚才两位同学说得非常好。我要说的是正因为它第一次受过箭伤知道箭的厉害,吃尽了苦头,所以一听到弦响,以为又有箭射上来了,所以才会那么惊慌失措。

师:嗯,现在这些内容可以擦掉了吗?

生:可以,真的可以了!

师:但一个真正令人信服的警官,弄清案情后,应该向大众陈述报告,交代案情的前因后果。(让学生结合板书自读课文,小组内陈述)

生:这只大雁飞得慢,叫得悲惨,可知这是一只受过箭伤的鸟。它一听到弦响,心里很害怕,于是就拼命往高处飞,一使劲,伤口裂开,就掉了下来。

生:这只大雁边飞边鸣,孤单失群。因为它受过箭伤,所以现在一听到弦响,就以为又有箭射来,心里害怕,于是使劲往高处飞,导致伤口裂开,直掉了下来。

(三)指导朗读,读活文本

师:大王有一次到郊外去,看到一只边飞边鸣的大雁,也学更羸的样子,拉动弓弦,但大雁不落,这是为什么呢?有哪些可能?把自己的思考写下来。

生:这只大雁根本就没受伤,从来都没有过中箭的体验。

生:也许这只大雁有边飞边鸣的习惯,此时此刻它思想正开着小差,悠闲着呢!

师:那么,这样,大王是不是更佩服更羸了呢?课文中有一句话概括地告诉了我们,一起读。(更羸是古时候魏国有名的射箭能手)

师:刚才更羸跟大王说话是在大雁边飞边鸣的时候还是大雁掉下来的时候?

生:是在边飞边鸣的时候。

师:那我们如何读更羸说的这几句话?选自己喜欢的方式,读一读,练一练。(指名朗读更羸说的话)

师:读得不错!更羸的话要读得胸有成竹。那么大王的话该怎么读呢?

(生练读)

师:你为什么这样读?

生:"是吗?""你有这样的本事?"这是魏王不相信更羸的话,表示怀疑,所以读"是吗"语调要向上扬一点,"这样"两字要读得稍重一些。我再读一遍。(又读一遍)

生:我读的是:"啊!魏王看了,大吃一惊,真有这样的本事!"

这句话,我认为要读出大王"大吃一惊"的味道。

师:你试试这"啊"字,该怎么读?当你十分吃惊的时候,这"啊"声会如何发出?

(几名学生读"啊",不到位)(师范读,让学生看老师的表情读)

师:我们班朗读最好的"三剑客"在哪儿?站起来读。

(三位学生上讲台分角色朗读、表演)

四、教学反思

"向更羸学一招推理的本领。"开宗明义,不落俗套,全课以"推理"这一逻辑智慧的梳理为主线、为主旨,一路行来,势如破竹。这从一个侧面折射出本次课程设计的智慧:"推理"叙事是文本的主旨,"推理"破案是教学的主线,主旨和主线的合二为一、有机交织,让课堂充满了智慧的光芒!

在教学《惊弓之鸟》时,教师通过逻辑清晰的教学流程,引领学生步步入境,使学生在感知文本的同时领略更羸的智慧。

"对话""提问""探究群体"是儿童哲学必不可少的三大要素。对话是儿童哲学的核心,是最基本的要素。儿童哲学教育的一切活动都以对话形式展开。儿童哲学提倡的对话直接借鉴苏格拉底的"产婆术"思想。在第二环节的教学进程中,教师前后两次不厌其烦地过问学生:"黑板上的内容可以擦掉了吗?"显然,没有这两次追问,学生对《惊弓之鸟》的"推理叙事"的理解就是肤浅的、不到位的。在一次次询问和一次次探求之后,我们惊喜地发现,学生的智慧就是在这样一次次的询问和追问中绽放出绚丽的火花的。正是这两次不失时机、不露痕迹的智慧点拨,使学生借由课堂复述,对更羸无箭射雁的问题症结和推理逻辑有了更清晰的认知。《学记》有言:"故君子之教,喻也。道而弗牵,强而弗抑,开而弗达。"在这里,我们感受并被感动着的正是这样一种"善喻"的教学智慧——在一次新的情境推理中被引向高潮。这一情境的巧妙创设,最终兑现了"向更羸学一招推理本领"的承诺。从"边飞边鸣"到"大雁不落"这一叙事情境,留出了足够的推理空间供学生想象、推理,最后检验学生对"推理本领"的掌握情况,至此已经水到渠成、瓜熟蒂落。

情境创设和时机把握,课程智慧彰显在课堂教学的操作流程上。文似看山不喜平,苏格拉底的"产婆术"在课堂上得到了生动演绎。

第六节　判断:《王戎不取道旁李》教学设计

《王戎不取道旁李》是统编版小学语文四年级上册的课文,主要讲述的是魏晋时期"竹林七贤"之一的王戎,小时候善于思考、冷静推断的故事。作者不是直接写王戎的聪明,而是先写别的小孩"竞走取之",再写"唯戎不动",反衬出王戎善于观察、勤于思考的优秀品质。教学本课,要注意运用多种朗读方法使学生能够正确、流利、有感情地朗读古文,在熟读的基础上要求学生能够综合运用以前学过的文言文学习方法,如:结合插图、借助注释、联系上下文等方法来学习本课,并适时介绍"补白"的学习方法,引导学生将故事的情节复述完整。

一、教学目标

(1)认识"戎""取"等4个生字,会写"戎""尝"等5个字。

(2)能正确、流利地朗读课文,背诵课文。

(3)能结合注释理解课文内容,并复述故事。

(4)能解释"树在道边而多子,此必苦李"的原因,体会王戎仔细观察、推理判断的品质。

(5)学习作者运用对比以及人物描写的写作手法来表现人物特点。

二、教学重点、难点

(1)重点:能正确、流利、有感情地朗读古文,背诵古文,学会用思辨、补白想象的方式理解古文,引导学生学习王戎的优秀品质,激发学生阅读文言文的兴趣。

(2)难点:体会判断的前提、结论之间的关系。

三、教学过程设计

(一)课前激趣,导入新课

1. 课前激趣

师:请看这个古文字,你想到哪个字? 它就是"右"字,指的是人的右手,来,伸出你的右手,中指和大拇指写成横撇,食指和手臂写成了捺。【幻灯:右,理解它与手的动作有关。】

2. 引出课题

师:再猜,看这幅图,它应该是什么字?【课件出示:"取"图片,在古代战争中,胜利者常把打败一方的俘虏或战死者的耳朵割下记功。本义是"割取敌人的耳朵,有所获取",引申为"拿、选取、摘"。】

师:今天,我们要学习的课文就带有这个字。【课件出示课题】生齐读课题。

(二)揭示课题,了解作品

(1)板书课题。

(2)结合字源认识"戎"字。

师:戎的部首是什么?(戈)你知道它的意思吗?【结合课件:戎】戎:这个字由两部分组成——"戈"指的是长柄兵器,左下边的"十"表示古代士兵穿着铠甲的"甲","戎"本义就是古代兵器的总称。引申为战争、军队。【组词:戎装、从戎。】

观察字形:为什么"十"的竖要写成撇? 书空,体会每个笔画书写的连贯性。

(3)认识王戎。

师:你能用简单的几句话来介绍吗? 你怎么知道的?【课件出示:介绍王戎】学生交流课前搜集的资料,教师补充。

(4)揭题解题。

师:课文写一件什么事呢? 这个课题用了人物加事件的方法,给我们一个启示,作文可以运用人物加事件取题目。

师:为什么王戎不取道旁李呢? 让我们一起走进课文。

(三)朗读课文,体会韵味

(1)一读,读准字音,读通句子。

请同学们快速地打开课文,按照自己的感觉和节奏自由读课文,注意把每个字音读准,尤其是带拼音的生字要多读两遍。

(2)二读,读通句子,读熟课文。

(3)三读,出示小古文朗读金钥匙,读出节奏。

(4)四读,教师范读,读出韵味。教师问:你发现老师读的与你们读的有什么不同?

(5)五读,全班读—个人读—全班读,读出古文的味道。

(四)自主探究,理解内容

(1)默读课文,适当做些批注,看看哪些词语的意思你会了,哪些还不会?(板书:看注释)

(2)师:都读懂了吗? 老师来考考你们,检测一下。这位同学需要什么帮助? 谁可以来帮帮他?

预设讲解"尝""诸""游""子""竞""走""信"的古今异义。(板书:古今异义)

联系上下文理解"之"字的一词多义。(板书:联系上下文)

(3)理清课文内容,和同桌合作说说故事大概讲了什么?

(4)学习背诵课文。

(五)补白想象,发展思维

1. 学习对比的修辞手法

师:孩子们,从课文中你读出了一个怎样的王戎?(生:聪明)

师:王戎的哪个举动说明他很聪明?(师板书)

"诸儿竞走取之,唯戎不动。"他在干什么呢?

师:他为什么不动,他是怎么做的决定?(学生讨论,师板书王戎做决策)

小结:王戎看到树上结满了李子,于是就开始思考……面对多子折枝,"唯戎不动",其实他动的是……;"诸儿竞走取之"时,实际上他们的……是不动的。动与不动的区别,不只在于外在形式,还在于思维上。王戎用实力告诉我们,什么叫作"秀才不尝李,能知其李酸"。这,就是思辨的力量。

师:这里运用了什么修辞手法?(对比)像这样运用"对比"修辞手法的小古文还有吗? 课件出示《司马光砸缸》,指名答,全班读。

小结:文章中经常用对比的手法来突出人物的形象。

2. 补白想象,复述故事

师:课文有一些内容被作者省略了。你们猜一猜作者省略了哪些内容?

师:大家看到王戎不动,会怎样问他呢? 王戎又会怎样回答? 出示课件句式训练。

大家纷纷问：_____

王戎_____地说：树在道边而多子，此必苦李。

师：你觉得课文还有哪些地方可以进行补白？你想挑战谁呢？

师：大家听了王戎这么一说，摘下李子尝一尝，的确是苦的，于是诸小儿又有怎样的反应呢？假如你当时也在场，你会说什么呢？

（板书：善于观察、思考）

师：谁能完整地复述故事呢？

小结：刚才我们抓住了这些关键的画面进行想象补充，使这个故事更生动，更有画面感。所以理解文言文还可以用上"想象补白"的方法。（板书：想象补白）

（六）拓展阅读，布置作业

师：今天我们学习的这篇文言文就是选自南朝刘义庆的《世说新语·雅量》。《世说新语》中有一群口齿伶俐、思维敏捷、善于思辨的儿童，他们具有超乎寻常的能力和品质。建议大家找来这本书，找出其他介绍智童形象的小古文读一读，和同学交流阅读心得，相信你们能从他们身上学到更多有智慧的想法和做法。

四、教学反思

思维的发展和提升，是语文核心素养的重要维度。皮亚杰说：语言是思维的载体。换言之，思维则是语言的内核。有怎样的思维，就有着怎样的语言。

（一）联系语境，把握基本信息

关注重点，可以"提领而顿，百毛皆顺"。思维训练需要聚焦核心，《王戎不取道旁李》思维训练核心点在于王戎所答："树在道边而多子，此必苦李。"王戎为什么能够从"树在道边而多子"，得出"此必苦李"的结论呢？教师在引导学生理解大意后，做元素的提取——时间、地点、人物、起因、经过、结果。在提取信息后，教师组织学生以串联之法，把故事讲述出来。

此时的讲述，首先是完成课后思考题第二题的要求，强化学生对小古文的理解，锻炼表达能力；讲述的另一个重要价值则在学生历练、讲述的过程中，将思维浸润在整体背景之中，在把握全部信息之后，再将思维聚焦一处。

知其然，更知其所以然，才能形成思维聚合之力，更好地向文本思维深处迈进。

（二）补充留白，还原真实状态

生命个体思维的形成往往是一瞬间的事。而在表达思维时，也往往具有极强的跳跃性，不会将思考的过程一五一十、按部就班地全盘再现。尤其是在一些特殊的情境之中，必要的省略，能使表达更加自然、流畅、高效。《王戎不取道旁李》中，在解释"唯戎不动"时,写道:"树在道旁而多子,此必苦李。"从"树在道边而多子",到"此必苦李",这两者之间并不是直接联系的。王戎从"眼中所察",到最后呈现"思考所得",其实有很多信息成为留白,淹没在了王戎的语言之中。王戎究竟看到了哪些,又是怎么分析的,才能做出最后的判断? 教师带着学生一起,以文本细读的方式进行梳理:从"折枝"的生长状态,到"道旁"的环境观察,最后到可能遭受的"竞走取之"侵袭……看似漫不经心的一笔带过,实则暗藏玄机,这些都是王戎做出推理和判断的重要依据。

课堂上,学生在老师的引领下深入梳理,对文本深品细读,对话王戎,逐步形成了洞察人物内心的思维过程。

(三)反向思维,明晰言外之意

辩论是哲学思辨的一种重要方式,哲学中的"辩证法"一词就是从古希腊语的"谈话、论辩"演化而来。一般我们讲哲学思维是"思辨"型的,是讲"思"与"辨"两个方面。思维无处不在,而个人的能力总是有局限的,"智慧的分歧"就显得格外重要。所谓认识不辩不清,真理不辩不明,辩论对智慧探索很重要。著名哲学家苏格拉底的哲学探究方法,即苏格拉底的辩证法,包含四个方面:讥讽、助产术、归纳和下定义,类似于归谬法。作者不是直接写王戎的聪明,而是先写别的小孩"竞走取之",再写"唯戎不动",反衬出王戎善于观察、勤于思考的优秀品质。那么"戎"到底动了没动? 他动的是什么呢? 课堂上,这一道极具创意的反向思维题,充分发挥其应有的思维训练价值。老师让学生们进行了一番精彩的辩论,教师引导学生再次整合文本细读关键信息,最终得出共识:"戎不动",动的是他的眼和脑。

如此一来,文本细读时的所得,就成为学生逆向推理时的思维依据。学生也实现了从理解信息到整合信息,直至运用信息的转变。

事实上,经历了前面三个环节的教学,学生在逆向推理时,已经对王戎的思维过程有了通透的认知。教师课堂上搭建的平台,给予了学生足够自主的空间,完全依照故事的情节和语境,走进了人物的内心世界,实现了与人物的真切对话。

由此,思维训练浸润在了对人物心理的揣摩上,大道无痕。

第七节　类比:《杨氏之子》教学设计

《杨氏之子》是统编版小学语文五年级下册的课文。选自南朝刘义庆的《世说新语·言语》,是五年级下册第八单元"幽默与风趣"这一主题的第一篇课文,这个单元的语文要素是"感受课文风趣的语言"。这是一篇文言文,课文不足百字,行文简要精当,内容浅显,语言幽默,主要讲述了梁国杨家九岁男孩的故事,主客双方围绕姓氏展开了一场巧妙对话,通过对话表现了杨氏子的机智。课文颇有趣味,尤其在人物语言上见功力。主客两人,一个说得巧,一个答得妙,表现出斗智的乐趣。

一、教学目标

(1)运用学过的方法自主识字学词,读准读通课文,借助注释初步读懂故事内容。

(2)围绕"甚聪惠",读懂人物对话的内容,品味对话中的巧妙思维,有情有趣地朗读课文,背诵课文。

(3)体会杨氏子运用类比的机智和幽默。

二、教学重点、难点

(1)重点:指导学生朗读并读懂故事,了解学习文言文的基本方法,激发学习兴趣。

(2)难点:通过比较阅读,感受杨氏子类比的聪慧以及语言的巧妙。

三、教学过程设计

(一)初读课文,把握大意

(1)出示课题,简介《世说新语》,请大家说说对书名的理解,激发课文阅读的兴趣。

①简介:《杨氏之子》选自一本书,书名叫《世说新语》,它是魏晋南北朝时期的笔记小说,由刘义庆等人编写,内容主要写的是东汉后期到晋宋间一些名士的言行与流传的一些小故事,据统计大概写了 1500 多人。书中对人物的描写有的聚焦形貌,有的聚焦才学,有的聚焦心理,但都重在表现人物的特点,通过独特的言谈举止写出了不同人物的独特性格,每个人物都生动形象、跃然纸上。

②交流:从题目上看,《杨氏之子》写的人物是谁?

(2)自主读文,尝试断句,标上符号,读正确读通顺,并借助注释了解课文大意。

(3)展示自读情况,相机正音,理解字词,指导断句。

①指名朗读课文,提醒注意倾听读音和断句。

②提问:"为""应"分别读什么音?为什么?

③指名说说课文大意,相机引导关注:"诣"是什么意思?"禽"指什么?"家禽"在课文中是什么意思?"未闻孔雀是夫子家禽"该怎么断句?

④练习书写"禽"字。

(4)关注人称,读熟课文。

①边读边圈出文中分别表示两个人物的词语,看看对同一个人的称谓,文中前后有什么变化,为什么会有这样的变化。("孔君平""孔""夫子"都指孔君平,"杨氏子""其""儿""君"都指杨氏之子,语境变化,称谓也发生变化。)

②边读边想象两个人物的表现,把课文读熟。

(二)细读课文,品味对话

1. 抓主角,明结构

对话交流:课文主要写谁? 他有什么特点? 第一句话与后面四句是什么关系?

(课文主要表现杨氏之子"甚聪惠",第一句总领全文,后面四句都是围绕"甚聪惠"写的。)

2. 抓关键,说"聪惠"

(1)自读课文,想想从哪些描写中可以感受到杨氏之子"甚聪惠"。

(2)组织交流,明确可以从这些描写中感受到杨氏之子"甚聪惠":"乃呼儿出",说明孔君平耳闻过杨氏之子"甚聪惠";"为设果",可以看出杨氏之子虽只有九岁,却能周到得体地待客,可见"甚聪惠";机智应答孔君平的玩笑话,足见"甚聪惠"。

3. 抓对话,悟智慧

(1)想一想,议一议:故事中最能表现杨氏之子"甚聪惠"的是什么? 为什么?

(2)指名说一说:杨氏之子的应答妙在哪里? 让全体学生体会类比思维的特点?

(听得明白——知道孔君平在拿"杨梅"和"杨姓"的联系开玩笑;答得妙——不仅"以其人之道还治其人之身",而且用上"未闻"一词,显得委婉有礼。)

(3)合作读一读:师生合作,表演读对话。

(4)引导试一试:如果来访的客人姓李,杨氏之子会怎么应答? 如果姓赵呢?

(5)比赛背一背:看谁能快速背熟课文。

(三)拓展阅读,能力迁移

(1)出示出自《世说新语》的《咏雪》,读通短文,借助注释理解大意。

(2)议一议,说一说,谁的比方更高明,为什么?

(3)推荐阅读《世说新语》。

附:板书设计

21 杨氏之子

聪惠

语言特点

四、教学反思

哲学谈话注重对儿童内在自由精神的培养;哲学谈话是过程性的,重要的是儿童自主地和成人一起关注问题。本单元阅读训练要素是"感受课文风趣的语言"。人物语言幽默风趣,是一种智慧的体现。故事中,孔君平的话智慧而风趣,是对杨氏子不露声色的考验;杨氏子果然"甚聪惠",其"聪惠"主要就表现在他"应声答"的语言上,答得既巧妙、有分寸,同样也很风趣。两人的对话,值得细细品味,发现其中的妙趣。教师以此为载体启发并指导儿童进行哲学思考,不时通过设问一步步启发,让学生自己寻找问题的答案。学生们也不再唯老师是从,或质疑或反驳,思想的火花不断碰撞,由此开启了一场开放性哲学对话之旅。

李普曼主张在探究群体的情境中发展语言和思维,通过优质对话促进优质思维。如教学"甚"时,教师正是有意创设生活情境,引导孩子进行对话探究——这个"甚"是什么意思?在我们生活中,也可以用"甚"来怎么表示呢?对话如下:

> 师:今天心情很好。
> 生:今日心情甚好。
> 师:今天非常冷。
> 生:今日甚冷。
> 师:认识可爱的你们,极其有幸。
> 生:认识可爱的你们,甚有幸。
> 师:是的,彼此相识,甚幸。你瞧,我们用文言文的方式来表达是不是甚有

趣?这就是语言表达的魅力!

对话是儿童哲学的核心。儿童哲学一切活动都以对话形式展开。这里说的"对话"与日常谈话不同,是一种结构性的谈话,是有主题性的、有组织的,赋予了教育意义的谈话。

再如,体会杨氏之子的应答妙在哪里?善听——知道孔君平在拿"杨梅"和"杨姓"的联系开玩笑;妙答——不仅"以其人之道还治其人之身",也在对方的姓上做文章,同样幽默风趣;而且用上"未闻"一词,显得委婉有礼,不失礼貌。果然,"甚聪惠"。

在这场对话中,同学们不再局限于自己的思维模式,教师自始至终都在鼓励学生相互提问,根据文本进行哲学探讨,并巧妙地将生成与预设融合起来,现场捕捉,智慧启迪。学生在交流之中相互启发,在细细品读中发现简短的故事里,每一词、每一处,都从一个侧面反映了杨氏子"甚聪惠",给孩子们带来了快乐和思考,课堂上充满哲学思辨味道。

第八节　赏析:《墨梅图题诗》教学设计

《墨梅图题诗》是北师大版六年级语文上册的课文。梅花,开放在万花凋零的严寒季节,她傲冰斗雪,寒气愈重,清香愈加芬芳,古人常把它作为坚强和高洁的象征。本课的墨梅,指只用水墨不用颜色画成的梅花,看上去清雅秀逸。本诗作者王冕是元末明初人,被称为"画梅圣手"。这是一首作者自己题咏自己所画梅花的诗作。

《墨梅》这首诗不仅反映了王冕所画梅花的风格,也反映了作者淡泊名利的胸襟,鲜明地表明了他不向世俗献媚的坚贞和纯洁的操守。一二两句构思精巧,将画中墨梅与池边梅树化而为一,仿佛画中之梅的淡淡墨晕,为池头梅树吸收水中墨色所致。三四句则宕开一笔,赞赏墨梅虽无耀目的色彩,却极富清新高雅之气,以此表达不愿媚俗的独立人格理想。

艺术和美本身就是哲学领域的一个重要范畴,诗中有画,画中有诗的中国画,其墨色的浓淡、构图的虚实,形象的表现和意象的传达,更是一种中国哲学意蕴的生动表现。这幅《墨梅图》构图清新别致,一枝梅花横贯画面,花朵淡墨轻染,照应诗中的"淡墨痕",画面疏朗,但"梅花"香气淡淡溢出,梅之风骨令人叹为观止。而且,画中题诗书法饱满苍劲,红色的印章与墨色辉映,"诗书画印"俱佳,画格、诗格、人格浑然一体。

一、教学目标

(1)学会本课生字词,正确、流利、有感情地朗读课文。

(2)通过品读感悟,能理解诗句的意思,体会作者表达的思想感情;初步体会和感悟象征、借物抒情的手法及其表达效果,感受古诗美的意境。

(3)学习并尝试进行书画欣赏,感受"诗书画印"于一体的中国书画的魅力和哲理意蕴,使学生受到自然美和艺术美的熏陶,以提高审美能力。

二、教学重难点

(1)重点:通过品读感悟,理解诗句的意思,学习并尝试进行书画欣赏。

(2)难点:感受诗人借咏梅所表达出的自己的高洁品格、孤傲胸襟;感受诗书画印于一体的中国书画的魅力。

三、教学过程

(一)谈话导入,揭示课题

(1)启发谈话。

在寒冷的冬天,百花凋零,万物萧瑟,有一种花不畏严寒,傲然绽放,它就是——梅花。

(2)课件展示梅花的风姿。

【设计意图】　通过情境的创设,导入新课,激发学生学习的兴趣。梅花图片的欣赏丰富了学生思维的表象,为课文的学习奠定基础。

(3)读背与梅花有关的诗词。

师:同学们看到梅花,会想到哪些与梅花有关的诗词?齐背王安石的《梅花》,指名读陆游和毛泽东的同题诗词《卜算子·咏梅》。

【设计意图】 相关梅花诗词的读背,能使学生了解不同作者的个性经历不同,作品风格也迥然不同,这是一种横向的比较,同时也为学生学习王冕的《墨梅图题诗》提供了纵向的参照。

(4)揭示课题。

(5)质疑。

【设计意图】 质疑诘问是哲学学习的主要方式之一,可激发学生主动探究、主动求知的精神。

(二)初读课文,整体感知

(1)教师配乐范读题诗。

【设计意图】 整体感知题诗的形式、构成、内容和风格,初步了解作品整体意趣。

(2)简介作者。

【设计意图】 简单了解王冕生活的年代背景,个人生平经历,性格特点及主要成就,进而初步了解王冕的价值观。

(3)学生自由朗读课文,要求:把字音读准确,把句子读通顺。

(4)教师检查学生自读情况。

【设计意图】 扫清字词障碍,在自主读文中再次感受作品的内容和风格。

(三)赏画品诗,感悟诗意

1. 品诗

(1)理解"我家洗砚池头树,朵朵花开淡墨痕"。

①指名朗读这两句;

②指名结合重点词语说说诗意;

③体会用典、象征的技法。

(2)理解"不要人夸颜色好,只留清气满乾坤"。

①指名读、齐读;

②学生自学,同桌交流,再集体交流汇报。

(3)提问:墨梅象征着怎样的精神?

【设计意图】 以重点词入手,理解诗意,了解作者创作的技巧,根据人的认知规律,由整体到部分进行认知,由内容的理解至领会形式的表达,体会作者的创作意图,从表及里学习诗作。

(4)教师指导学生有感情地朗读。

(5)用《让我们荡起双桨》的曲调演唱。

(6)背诵诗作。

【设计意图】　以吟咏、歌唱、背诵等形式从角度反复再现诗作,进一步体悟古诗美的意境,丰富学生审美体验。

2.赏画

(1)默读诗画,欣赏第二、三自然段,读文赏画,品味王冕"诗书画印"的立意、布局和形象的表现。

(2)汇报交流。

【设计意图】　学习并尝试让学生进行书画欣赏,在欣赏过程中提示学生用自己的头脑去思考,用自己的心灵去感受。通过学生自主揣摩感悟,同学互动交流,体会王冕作品诗格、画格、人格有机地融为一体的意境,感受"诗书画印"于一体的中国书画的魅力,使学生受到自然美和艺术美的熏陶,提高审美能力。

(3)课中质疑。品诗赏画之后,同学们还有什么问题没解决的,或者还有什么新的疑问吗?

【设计意图】　再次进行质疑诘问,梳理已解决的问题,产生新的问题,培养学生不满足于已知,不断质疑问难、深入思考的良好习惯。

(四)课堂辩论,升华情感

(1)课堂辩论:乾隆皇帝题诗的效果,是锦上添花还是画蛇添足?

(2)课堂小结。

【设计意图】　在诗文品析之后,组织课堂辩论,引导学生在搜集整理资料基础上,展开独立的思考、推理和归纳,形成判断,并运用陈述、列举、反问等方式论证己方观点,驳斥对方的观点、论据,这样,对课文的理解方能更上一层楼,也可以更好地培养学生搜集处理信息的能力和口头表达能力。

(五)布置作业,课后提升

实践作业:

(1)查阅梅花的相关知识。

(2)搜集赞美梅花的诗文、对联,诵读品味。

(3)用毛笔书写赞美梅花的诗文对联或画一幅梅花图(二选一)。

【设计意图】　结合语文天地实践作业,充实学生对梅的认知,尝试进行书画创作,并与名家名作进行对比,丰富学生的审美体验和实践。

四、教学反思

本课教学中教师选择了艺术和美这一哲学领域,以中国诗画的赏析作为内容,引导学生在欣赏、品味中体悟中国哲学意蕴,并运用质疑、讨论、辩论等方式,尝试在小学高段语文课堂中落实儿童哲学研究。

(一)查阅资料、铺垫情感

叶圣陶先生说过:语文教学成功与否,是要看学生最终能否离开教师自己读书、作文。教师对学生的语文教学从培养预习习惯开始,因此课前搜集有关资料尤为重要。通过查阅资料,学生可以知道作者生平经历、写作背景,"屡试不第,又不愿巴结权贵,于是绝意功名利禄",对王冕的敬佩之情油然而生,学生带着这种情感去学习古诗,就会水到渠成。课堂辩论:"乾隆皇帝题诗的效果,是锦上添花还是画蛇添足?"更需要学生对所搜集的王冕及乾隆的有关资料进行筛选、整理,以获得自己所需要的信息。既培养了学生搜集处理信息的能力,又为学文积累了知识储备。

(二)创设情境,赏读结合

王冕的这幅《墨梅图》做到了诗画结合,本单元的三首诗都是题画诗,因此,学好这一课,能为这一主题单元的学习打下良好的基础。我通过创设情境、赏读结合来引导学生理解诗意。对梅花,南方的孩子并不是很熟悉,上课时我先以古琴曲《天风环珮》为背景音乐,让学生欣赏几幅梅花严冬盛开的画面,并引导学生读背梅花诗词,丰富学生对梅花的认识。学习王冕诗作时以诵读、吟咏、歌唱、背诵等多种形式品读感悟诗歌的内涵和意境,欣赏画作时配以古琴曲《梅花三弄》,孩子们欣赏品析中国画"诗书画印"的立意和布局,体会王冕的诗格、画格、人格,并感受中国书画的魅力。

(三)诘问辩驳,积累运用

"这幅《墨梅图》构图清新别致,一枝梅花横贯画面,花朵淡墨轻染,乾隆皇帝在画中题诗,是锦上添花还是画蛇添足?"一石激起千层浪,同学们在课堂上展开了激烈的辩论,有的认为乾隆题诗与《墨梅图》相融合;有的认为乾隆题诗破坏了整幅构图,是画蛇添足……同学们还各自搜集整理了相关资料,以论证自己的观点。

于审美而言,这场辩论并不存在整齐划一的标准答案,然而在正反两方的辩论中,学生主动地去分析、思考问题,从不同角度辩证地看待事物,培养了学生的思辨能力,促进他们形成独立思考的能力。本课通过质疑、讨论、辩论,引导学生独立思考,独立判断,主动学习,积极探究,学生在理解课文内容的基础上,深入思考,比较、品析,发表自己的看法。课堂教学中还需要给学生更大的空间,让他们去发现,去表达,让孩子成为学习的主人,避免教师过多主导课堂的情况。

中国的诗歌文化有着千年的历史,"诗书画印"品析内涵深厚,课堂上可品评、挖掘的内容很多,如何削枝留干,去芜存精,结合学科特点、学段要求及本课学习重点,落实儿童哲学研究,仍需进一步思考和实践。

亲子阅读与儿童哲学教育的案例

亲子阅读就是父母与孩子一起阅读。亲子阅读可以有效培养孩子的阅读兴趣,给孩子良好的阅读体验,使孩子从此爱上阅读,养成受用一生的阅读习惯。亲子阅读还可以促进亲子亲密关系的构建,父母与孩子的互动,会成为孩子的美好记忆,滋养孩子的心灵,产生亲子间的幸福感。儿童哲学阅读有一定的难度,父母和孩子共同讨论,能引导孩子进行深度思考,拓展孩子思维的深度和广度。

附录一　朗读:亲子阅读《狐狸的钱袋》

一、亲子阅读(开篇)

亲爱的老师,可爱的同学们,大家好!我是205班的林中煦,我是林可心,这是我们的妈妈。

可心妈:亲爱的宝贝们,你们听过关于狐狸的童话或寓言故事吗?

可心和中煦交替回答:当然听过了,有《狐假虎威》《乌鸦和狐狸》《狐狸和葡萄》《断尾的狐狸》《狐狸和狮子》……还有好多呢!

中煦妈:那你们能说出一些跟狐狸有关的成语吗?

可心和中煦交替回答:嗯……(思考中……)兔死狐悲、狐朋狗友、狐奔鼠窜、狐假虎威……

可心妈:那你们能用一些词来形容一下狐狸的性格特点吗?

中煦:屎壳郎爬玻璃——脚滑(狡猾)哈哈哈……

可心:牛角上抹油——又尖(奸)又猾。

中煦妈:你们再想想狐狸除了狡猾,还有什么特点呢?

可心：狐狸很聪明，常常有一些鬼点子。

中煦：狐狸还很妖艳美丽，比如"狐狸精"。

可心妈：真棒！孩子们，今天让我们带着大家一起去认识一只不一样的狐狸吧！

可心和中煦：今天我们想和大家分享的书名叫《狐狸的钱袋》。这是一个"情"与"趣"交融的故事，虽然短小，但是细腻感人：有一只法术不灵的小狐狸阿南，因为不会魔法经常受到其他小狐狸的排挤。然而幸运的是，阿南遇见了卖乌冬面的阿旺爷爷。热心的阿南和善良的阿旺爷爷一见如故，成了忘年交。在相处的日子里，他们都为对方付出最真挚的爱，留下了自己最美好的回忆。"有一些东西比钱更重要，比如'回忆'和'爱'。"

当阿旺爷爷患上了无法治愈的"阿尔茨海默病"，阿南选择悉心照料，不离不弃。在照顾爷爷的过程中，阿南从一个爱哭鬼变成了勇敢、独立、自信、懂得感恩的孩子。阿南胸前空空的钱袋也随之变成了一个装满爱的"回忆袋"！

可心妈和中煦妈：让我们一起进入阿南的"回忆袋"，看看发生在阿旺爷爷和阿南之间的感人故事吧！相信你一定会喜欢这份充满温情、智慧、哲理的精神套餐！

二、片段朗读

旁白：卖乌冬面的阿旺爷爷收留了法术不灵、遭遇同类排挤的小狐狸阿南。有一天阿南给阿旺爷爷带来做乌冬面配料的灵感。

可心："爷爷你看！油豆腐皮像不像我的小钱袋？"阿南仿佛发明了新玩具，拎起汤汁淋漓的油豆腐皮，举到自己的胸前。

可心妈：眼前的这一幕，让阿旺爷爷的脑海里"咚!"了一下——灵感来按门铃了！

中煦："就是这个！我找到合适的汤面配料了，油豆腐皮！它的形状像个小袋子，正好可以包住汤汁的鲜美滋味。太棒啦！阿南，谢谢你。"

可心妈：爷爷带阿南走进自己的房间，从墙上取下一个旧旧的、满是补丁的蓝布袋，说：

中煦："这是我的'回忆袋'！"

中煦："这里的每一样东西都是我的宝贝，也各代表一个回忆。对于每样东西，我都能讲出一个故事。"

可心妈：阿南羡慕地眼睛发亮。

可心："爷爷，我也想有一个这样的宝贝袋子。"

中煦：嗯。

可心妈：爷爷点点头，从自己的回忆袋里找出一片枯红的枫叶，伸到阿南鼻子前。

中煦："这个记得吗？"

可心："这……也是爷爷的'回忆'吗？"

中煦："是我们两个共有的回忆。这是我们相遇那天，我特地从森林里捡回来当作

'纪念品'的,现在送给你!"

可心妈:阿南笑了,点点头。他接过枫叶,郑重地把它装进钱袋里。

可心:"现在,我也有一个装宝贝的'回忆袋'了。"

中煦:"没错,你可以从现在开始,努力'创造回忆'了!"

旁白:可惜不久,阿旺爷爷患上阿尔茨海默病。

可心妈:那天,阿南在厨房里擀面条。

中煦:"达啦达啦……铁骑兵,铁骑兵,我是英勇的铁骑兵……"

可心妈:阿旺爷爷骑着一根竹扫把在屋里玩。突然,爷爷冲进厨房,撞倒了整排锅,又撞翻一袋面粉,最后……

中煦:"哎哟!"

可心妈:爷爷惨叫一声,跌得满头白花花。阿南想扶爷爷起来,帮他拍掉身上的面粉,却忘记了手上还拿着擀面杖。看着迎面而来的棍子,爷爷吓了一大跳,大喊:

中煦:"别打我! 我下次不敢了。妈妈,不要打我!"

可心妈:爷爷挣扎着站起身,骑上小竹马,满脸惊慌地朝外狂奔。

可心:"爷爷,我是阿南,不是妈妈。没有人要打你呀! 你不要怕。"

可心妈:但是爷爷早已跑得不知去向,动作比兔子还要快。

旁白:阿旺爷爷的身体愈来愈虚弱,渐渐地什么东西都吃不下了。

旁白:在爷爷弥留之际,阿南为爷爷煮出最好吃的乌冬面。爷爷吃完最后一碗乌冬面后,心满意足地去了另外一个世界。

可心妈:阿南知道,爷爷现在是幸福的,他已经平安抵达天堂了。

可心:"爷爷你的回忆袋和里头所有的宝贝,我都会帮你好好保存。"

可心妈:阿南抱着爷爷送给他的蓝色大布袋,对着透明的空气说:

可心:"爷爷,谢谢你教给我的一切,也谢谢你留给我的回忆。你放心! 我会好好吃饭、睡觉,好好卖菜、交朋友,每天笑眯眯地过日子。"

可心妈:阿南好像看到白云顶端,有鸟儿飞过。那可能是爷爷变成的天使,正在朝他微笑呢!

三、亲子阅读(结尾篇)

中煦:我读了这个故事后,心里为阿旺爷爷的去世感到很难过,同时我也很佩服阿南。因为阿南选择了勇敢和坚强,选择了自信和独立;学会了关爱,学会了珍惜。

可心:我也被书中的故事感动到流泪了。我原来也是一个胆小、害怕困难的小女孩,但自从我看完了这本书以后,我决定向小狐狸阿南学习,慢慢地改变自己,让自己变得像阿南一样勇敢和自信!

中煦:我觉得阿南和爷爷相互关爱的感情也很感人。这让我懂得做人要有一颗善良的心。我要学习关爱他人,比如当同学和朋友遇到困难的时候,要及时伸出援助之手,去帮助他们一起克服困难。

可心:我也要学会感恩爷爷、奶奶、爸爸、妈妈,多帮他们做一些力所能及的家务,陪他们聊聊天。

可心妈和中煦妈:生活中只有懂得感恩,懂得相互关照,才会感受到幸福。不管是孩子还是父母,是你们或是我们,都要珍惜时光,珍惜此时此刻生活在我们身边的每一个亲人和朋友,因为只有他们才能给我们的生活留下最最美好的回忆!

四人合:为爱阅读,共同成长,谢谢大家!

(丰泽区第二实验小学二年 5 班,亲子贡献)

附录二　分享:亲子阅读的遇见——《佐贺的超级阿嬷》

《佐贺的超级阿嬷》这本书以质朴的语言,平静地讲述"我"与外婆贫困而充满快乐的生活,笑中有泪,泪中有暖,对于生活衣食无忧的孩子来说是一本很好的课外读物。这本书的阅读教学框架是:

(1)《佐贺的超级阿嬷》故事概述及作者介绍;

(2)《佐贺的超级阿嬷》感动片段分享;

(3)《佐贺的超级阿嬷》泛读与精读;

(4)《佐贺的超级阿嬷》哲学感受分享。

一、《佐贺的超级阿嬷》故事概述及作者介绍

《佐贺的超级阿嬷》是日本作家岛田洋七创作的长篇小说,记录岛田洋七童年时代被寄养在阿嬷家的故事。他从小父亲就去世了,妈妈独自抚养他和哥哥。那时日本战败后不久,妈妈独自拉扯两个小孩的生活实在太困苦,又担心他常半夜出门会有危险,便决定将小学二年级的他寄养到乡下的外婆家。由此开始了祖孙二人长达八年的生活。

二、《佐贺的超级阿嬷》感动片断分享

阿嬷让穷困的生活充满了笑声,让童年的昭广在物质贫乏的时代依然能健康成长。昭广从阿嬷身上可以学到一辈子都享用不尽的人生哲理和大智慧。

阿嬷走路时会在腰间系上一根绳子,绳子上拖着磁铁,把地上的金属废品都吸附过来,阿嬷常常跟德永昭广说:"如果只是呆呆地走路,不是很可惜吗?"阿嬷还在小河上横

了一根竹竿,把沿河而下的木棒和树叶都拦住,保持河道清洁的同时也有免费的柴火;有时候别人祭奠死人的小船上载满各式祭品,阿嬷把祭品取下而把小船放回,理由是"这些水果飘到大海去会污染大海,也会令鱼儿很头疼,但是船上载着死人的灵魂,不好好放回河里不行"。

同时贫苦的阿嬷也善良地对待每一个人,她拥有别人所没有的乐观精神,她不认为穷是可悲的,穷也能照样活得很好。贫困中的微笑最温暖,笑中藏着的泪最辛酸。不读不知道,一读你才能明白阿嬷多么有智慧!

原文:

> 外婆平时出门时,总会在腰间系上一根绳子,绳子下端绑着一块磁铁,你能猜出为什么吗? 外婆说:"光是走路什么事也不做,多可惜,绑着磁铁走,便可以赚到外快的。"每次外婆回家,还没进门,便能听到"嘎啦嘎啦"的声音,原来,那磁铁上已粘满了钉子和废铁,然后,外婆会取下来丢进桶里——那里面已经收集了不少战利品。
>
> 外婆去买菜,并不带钱,她常常会走到河流下游,在水中架起一根木棒。原来,在河的上游有个菜市场,尾部开杈的萝卜、畸形的小黄瓜等卖不出去的蔬菜,常会被丢进河里,到了下游,便被外婆的木棒拦住。外婆看着这些奇形怪状的蔬菜,跟小外孙昭广说:"开杈的萝卜切成小块煮出来味道一样,弯曲的小黄瓜切丝用盐腌一腌,味道也一样。"外婆称那条河是自己家的"超级市场",她还笑着说:"我们的超市是送货上门,还不收运费。"

三、《佐贺的超级阿嬷》泛读与精读

需要泛读还是精读,不是判断书的好坏的标准,而是根据阅读内容的需要确定的。

精读又称研读,主要是读得细致,边读边想,以理解和掌握阅读内容为目的。一般是:第一步从头到尾浏览一遍,对全书有一个概括的了解;第二步逐章逐节反复阅读,边读、边想、边做记号,记下问题;第三步抓住重点,深入钻研,认真理解;最后一步进行复习总结和巩固,做读书笔记。"专"是精读的精神。

泛读也可称略读,对一本书而言,只要将书浏览一遍,略知其大意即可,以后有需要时再去查阅。有些书对阐述中心问题的部分要精读,对其他部分则只要泛渎就行了。泛读可有两种理解,本节所说"泛"为广泛之义,而非泛泛之义。泛读总归是要多多地读,快快地读,因为读得简略了,才能读得多。这些都是因为我们没有无限的时间,所以要抓紧时间,博览群书。"博"是泛读的精神。

四、《佐贺的超级阿嬷》哲学感受分享

阿嬷的乐观天性或许不是与生俱来的,但一样具有感染人的神奇力量。比如物资匮乏,缺衣少食,岛田洋七开始时很是忧虑,但阿嬷总能想出奇招:她腰挂长绳,系上磁块,在来往上班的路上捡拾别人扔掉的东西,积少成多也就可以变卖;她用一根长木棍拦住门前河流里从上游市场漂下来的瓜果蔬菜,以及各种"漏网之鱼",总能不断弥补入不敷出的家庭漏洞;河里咬痛小孩的鳌虾被外婆做成为美味可口的"龙虾";寒冬里热水袋里温脚的水,摇身一变成为招待客人的暖茶,热水袋也顺理成章地成了"我"秋季出游路上帮同学解渴的宝贝。这些奇招妙计让童年的昭广也能在贫穷中学着自力更生,灵活应对。这些魔术般的策略让童年的昭广看到了,贫穷像镜子一样照出了智慧的光芒。

阿嬷看待问题总有她自己独特的角度,于是许多问题都迎刃而解。当生活真的穷到无以为继,"我"很难过的时候,阿嬷说"做有钱人很辛苦,我们家是穷的开朗。"当"我"因成绩难看而倍感困惑时,阿嬷说:"加起来就够分数,人生就是总和力。"在"我"学不好历史,无法交差时,阿嬷说:"我不拘泥于过去。""我"初到佐贺时,内心难过,阿嬷告诉"我":"要笑着和人打招呼,穷人最能做的,就是展露笑容。"面对先天性智障的小儿子,她说:"一万个人生下来,总有几个出故障。"甚至遇到小偷,她竟把他请进屋,一边同情地施与饭团,一边劝说着工作的意义;被小偷偷去母鸡后,阿嬷还会因没有偷走最嫩的鸡而庆幸……"换个角度看问题",是阿嬷的拿手本领。这个佐贺乡间的外婆仿佛具有魔力一样,让贫乏粗鄙的生活焕发出斑斓的色彩,让身处孤独和贫困境况中的"我"充满积极向上的力量,"我"得以乐观面对困境,勇敢承担重任,直到度过了人生中最敏感多变的青春期,走上幸福的康庄大道!

附录三 交流:畅游书海,亲子共读交流会

下面以一年级黄嘉航同学的亲子阅读为例,让我们一起看看亲子阅读对促进亲子关系、提升学生阅读能力有何助力。

嘉航:尊敬的老师,叔叔阿姨,亲爱的同学们,下午好! 我是一年一班的黄嘉航。

妈妈:尊敬的各位领导、家长们下午好,很荣幸可以参加此次的亲子共读交流会,感谢学校给予我们这个宝贵的机会,能与在座的家长们一起分享和学习。高尔基曾说过:"书籍是人类进步的阶梯。"阅读是一叶小舟,带你遨游汉字王国;读书是在品尝营养面包,它能让人充满精神力量。

嘉航:阅读是我每天最期待的事情,特别是与爸爸妈妈一起阅读,是我徜徉在母爱和知识海洋中最幸福的时光。在我还很小的时候,听故事是我每天必不可少的事情,虽然有故事机、故事软件,但是比起冰冷的机器,我更喜欢妈妈搂着我,温柔地为我讲着一个个有趣的故事。

妈妈:专家指出,人类的听觉功能早在妈妈怀胎 25 周左右就已经发展至成人阶段,胎儿在妈妈的子宫里不但可以听到外界的声音,也能辨认妈妈的声音。当我的孩子在婴儿期时我就意识到阅读的重要性,也一直坚持不懈地培养他的阅读兴趣。以下我来分享下我们在亲子阅读时的一些做法。

一、从心出发,培养阅读兴趣

"兴趣是最好的老师"这句话经久不衰,年龄越小的孩子越是看心情做事,为了让我的宝贝喜欢阅读我做了以下两件事:

(一)精心设计,创设阅读环境

1. 独立的空间

法国童话《小王子》一书说过:"仪式感就是使某一天与其他日子不同,使某一时刻与其他时刻不同。"仪式感是近年来走入人们心里的一个"网红"词,它告诉着我们,生活除了眼前的苟且,还有诗和远方。在创设阅读环境中,我就充分地融入这一元素,在冰冷的瓷砖上铺上一块柔软的垫子,再架起一个小帐篷,垂挂上充满节日氛围的彩旗等,让整个环境既温馨又富有美感,而且就像是幼儿心理上所需的秘密角——他们长大了有了自己的小秘密,可以在这里发泄着自己喜怒哀乐。一个属于孩子的私人空间能满足他躲藏的好奇心。阅读角不需要大,但一定要温馨独立。

2. 适宜的桌椅

根据儿童的年龄特点、身高特征,家长要选择合适的桌椅。年龄越小,桌椅应越充满童趣,桌椅的安全性、高度都要有利于自家宝宝的健康成长。如若没有专门的桌椅,可以选择家里柔软的沙发、床,更可以借助公共场所,如公益书屋、书店、图书馆等,这些场所都可以为阅读体验添砖加瓦。

3. 便捷的摆放

一年级的孩子就开始有秩序感,我在家为他专门准备了一处图书置放角,要求他看完书要及时地归类摆放。这时也要求这个区域的书架也好,书箱也罢,高度应是他抬手就够得着的。不过,偶尔的书本"暴走"也是被允许的,因为我相信只要眼睛看得到、手够得着的地方,小朋友兴致来了,随时随地都可以当个"小书虫"。

(二)选择适宜的书籍材料

在书籍的选择方面,我相信在座的家长都非常有经验。我选择书籍的重点是什么?我觉得有两个:一是,现阶段我的孩子发展如何?需要什么?二是:我想帮助他达到什么能力?

我的做法是:一切按照孩子年龄增长的需要。当嘉航2周岁的时候,为了让他养成良好的行为习惯和初步的自理能力,我就买了这套日本画家佐佐木洋子著的"小熊宝宝绘本"、"噼里啪啦"系列,书本里有趣的角色形象、可爱的动态、简短的文字、折叠的书页令他兴趣大增。嘉航逐渐长大了,对世界的好奇心和探知欲逐渐增强,这时候他更需要的是思维能力、观察力、专注力、语言表达能力的提高,我帮他选择的书有"不一样的卡梅拉""神奇的校车""揭秘系列""大发现系列"丛书等。

建议:小学生处于自我意识快速发展时期,除了必要的学习类书籍,可适当地让他们有自主选择的权利,才能真正地做到"悦"读。

二、巧用方法,提升阅读效果

(一)快速阅读

众所周知,孩子的可塑性是非常强的。人的一生中好多能力培养的"黄金期"都是在儿童时期,因此,儿童期练习快速阅读法对大脑的塑造、左右脑的锻炼相比成人而言更有效。快速阅读的"眼脑直映法"极大地开发了孩子的大脑,也就是右脑的记忆力。每天我都会和嘉航利用上学路上的零碎时间进行"快速成语阅读",接下来由嘉航给大家读一段……

(二)替代阅读

日本学者井深大说过:游戏是孩子的第二生命,是孩子的第一所学校。因此,刚升入一年级的小学生还没有褪去身上的稚气,在要求较严格的一年级课堂上,他们的学习动力较缺乏,如果家中的亲子时光也都是一眼一板的学习,长此以往,孩子就会丧失阅读兴趣。那该怎么办呢? 我们在家就玩起了扑克牌游戏,每个数字都代表一个词,你可以随机地玩"打吃游戏",也可以玩数字成语游戏,如:A代表"一心一意";2代表"三心二意"等等。还可以玩联想游戏等等。

(三)随机教育

孩子的教育应是来源于生活,服务于生活。因此,当孩子在生活中迸发出兴趣和灵感的时候,要及时抓住机会展开学习。有一次,我和嘉航去刺桐公园,一进大门看到眼前的假山流水,他突然冒出一句"望庐山瀑布"。这句话一出,我的眼前一亮,李白的这首唐诗是不是可以现在开始学习了呢? 于是,我们开始你一句我一句地吟诵着。

(四)"悦"转"阅"动力

现在许多家庭处于两种极端:一种是放任孩子无节制地玩各种电子产品;一种是家

中的电子产品全部消失了,或者是谈电视色变。我想给大家分享下我们家电视的教育功能,我家孩子的爸爸结合男孩子的性格,以及他自己对武侠小说的喜爱,让孩子从金庸先生的武侠片出发,观看了角色的武功绝学,挑重点分步骤地了解各角色及门派。比如:孩子喜欢张三丰这个角色,看完剧情后父子俩就交流起张三丰的武功绝学"太极拳",及成立的门派(武当派),了解了武当山在中国的哪个省份(湖北十堰市)等等,如此的学习方式让孩子从喜欢转变为主动探究,从而拓宽了知识面。

三、用心陪伴,收获良好品质

最后,给大家分享一下在长期的亲子共读中,孩子收获了什么?

(一)积极的学习品质

孩子有了良好的学习品质,使他得以轻松地面对学习,勇敢挑战困难。说个题外话,有一天孩子对我说,他最喜欢的学科是语文。相信是课文里丰富有趣的故事情节,优美的文字吸引了他,让他从内心感受到文学作品带给他的满足。

(二)充满爱心的良好品德

孩子的品德培养是我们家庭教育的终极目标,在选择相应的书籍时,我们也引导孩子养成尊老爱幼、善良诚实的良好品德。我们家真出了一个小暖男,会在父母忙碌的时候承担力所能及的事情,能在我生病的时候,递上一杯温水,关心我的身体状况……相信善良、懂事的孩子长大后品德也不会差。

四、真情实感,促进亲子关系发展

嘉航:每一次的亲子阅读时光都能让我感受到爸爸妈妈对我满满的爱。在这里,我想说:"爸爸妈妈我爱你们,感谢你们为我提供的幸福生活。"阅读让我成长,让我感受到世界无奇不有,我会继续努力的。

妈妈:最后,我用莎士比亚的一段话结束今天的交流:"书籍是全世界的营养品。生活中没有书籍,就好像大地没有阳光;智慧里没有书籍,就好像鸟儿没有翅膀。"让我们一起为孩子插上智慧的翅膀,还他们翱翔在广阔的天空,呼吸书籍的香气,享受阅读的快乐。

(丰泽区第二实验小学一年一班　黄嘉航和妈妈)

附录四 亲子阅读:为孩子插上哲学智慧的翅膀

孩子们总是对世界充满了疑问和好奇,他们不时地向爸爸妈妈抛出各种各样的问题,有的单纯稚嫩,有的古灵精怪,还有的更引出一连串其他的问题。人类的思想是一条看不到尽头的路,孩子们更是天生的哲学家,他们的问题涉及许多带有哲学意味的思考,例如对于"生命"、"爱"、"美丽"和"好与坏"的思索,甚至连提问方式本身都充满哲学意味。这些疑问是否能够得到解答、能够得到怎样的解答,都直接影响着孩子们未来对自己、对他人、对社会、对着整个世界的看法。此时,面对着数不清的为什么,家长们该如何应对呢?

在英国哲学是小学的一门课程。英国学者还做过这样一项课程改革实验:在英国48家小学的约3000名9~10岁的学生中,开展每周一小时的哲学课程,一年以后,发现同对照组相比,这些孩子出现了两方面的变化。一是他们提问题和建构论据的水平明显提高,二是数学和阅读能力也比对照组进步得更快。他们在每次长一小时的哲学课上讨论些什么问题呢?范围很广,包括知识概念,真理,正义,公平等等,诸如"一颗健康的心脏应该捐献给不注重保健的人吗?""可以剥夺一些人的自由吗?"这样的问题。一位研究者说:"哲学课使他们学到了这些能力:更好地倾听,接受不同的看待世界的方式,清晰地表达和阐述自己的观点。"这个实验证实了儿童不但能学哲学,而且哲学还是非常有益的思考训练。

吉姆·崔利斯在《朗读手册》上有这样一段话:"你或许拥有无限的财富,一箱箱珠宝与一柜柜黄金。但你永远不会比我富有,我有一位读书给我听的妈妈。"绘本作家"花婆婆"方淑珍也告诉我们一种高质量而且高效率的亲子陪伴方法——"睡前五分钟,亲子关系向前冲!"。

一、亲子阅读的重要性

亲子阅读是以书为媒介,以阅读为纽带,孩子和家长共同读书的阅读方式。这一过程看似平凡,实则是开发孩子大脑不可忽视的重要活动,对于孩子的成长至关重要。

神经学专家研究表明:婴儿出生后,随着外界丰富的环境刺激,大脑的神经元之间会不断发生连接,连接的部分即为突触。从婴儿期开始,经常使用的突触会被巩固和保留下来,而得不到反复刺激的突触则会减弱和消失。大脑学习的过程就建立在神经网络的突触活动过程中,突触数量越多,密度越大,人的学习能力就越强,智力活动水平就越高。而亲子阅读活动能有效促进大脑突触的开发,对于孩子今后的学习和智力发展具有重要作用。

具体说来,亲子阅读还具有以下益处:

(一)有效提升孩子的专注力

和用电子设备给孩子讲故事不同,父母和孩子亲子共读时,孩子保持注意力的时间相当长,听故事的质量也高,听过一遍之后,与故事相关的简单问题基本都能答上来。长此以往,通过长期锻炼,孩子的注意力保持时间会慢慢延长,将来进行学习,或完成较为困难的任务也会更加容易。

(二)培养孩子的阅读兴趣,提升阅读能力

许多家长头疼孩子只看电视、玩平板电脑,不喜欢读书。其实,亲子阅读就是一种很好的方式。在阅读的过程中,孩子能够感受到来自家长的陪伴、爱和温暖,感受到自己与父母之间的联结和宝贵的亲情,更有有趣的故事、丰富的知识和无限的快乐,让孩子想不爱上阅读都难。同时,家长能够在亲子阅读的过程中,与孩子互动,有意识地引导孩子学习阅读的方法,从而提升其阅读能力。

(三)增强语言能力,使孩子学会与人交往

语言能力的获得,从接受外部语言的刺激开始。亲子阅读给孩子提供了一个丰富的语言环境。相关实验表明,越是处于丰富的语言环境中的儿童,开口说话越早,说话的内容也越充实。无论孩子是否能听懂故事的内容,亲子阅读的过程让他们接受了各种各样的语言信息,今后他们会将这些积累运用在人际交往中,也更敢于在陌生人和大众面前表现自己。

(四)及时了解孩子的心理活动,增进亲子间的感情

如今的家长工作都很忙碌,和孩子沟通交流的机会逐渐减少,临睡前的亲子阅读就是一种很好的补充。家长的陪伴是给孩子最好的礼物,亲子阅读一方面能让孩子深切地体会到亲情的温暖与关怀,另一方面也能让家长在与孩子讨论书的过程中,了解孩子的心理和基本的价值观倾向,并进行有针对性的引导。

所以,别再用工作当作借口,别再用金钱和物质搪塞孩子,孩子的成长只有一次,多留时间和精力留陪伴孩子亲子阅读。

二、《幸福是什么?》的亲子启发

作为法国最畅销的儿童哲学图画书,"儿童哲学智慧书"系列丛书特别搜集了孩子们最困惑、最常问的一些问题,通过回答的形式,帮助孩子解决心中的困惑。家长与孩子们一起阅读,一同思考,不仅可以将孩子心中的疑问扫除,更重要的是可以在问答引导之中,培养孩子独立思考、独立判断的习惯和能力,让孩子了解自己,并形成独立自主和负责

的人格。相信在这个过程中,受益的将不仅仅是孩子,家长们也会在思索之后有所收获。

《幸福是什么?》是一套图文并茂的哲学图画书,丛书集合了孩子们最常提出的诸多问题——从生命起源到自我认识,从日常生活到人际交往……这些问题看似简单,确是生活中最常见的好奇与迷惑,而它背后则是人生必须解答的哲学思考。

面对孩子的一个个提问,父母如果能以哲学的方式幽默回应,而不是糊弄和搪塞孩子,孩子与生俱来的灵气才不会被消磨,反而被更多地唤醒;而大人也在这个过程中,不断修行为人父母之道,做好孩子的启蒙老师。

在《幸福是什么?》这本书里,作者通过"知道"、"难易"、"目的"、"金钱"、"别人"和"不幸"六个章节,对重要的哲学主题进行了追问,这些主题即是现实生活中容易引起困惑的难题,又是与人密切相关的主题。在每个主题下,都有若干个问题,每个问题下又有若干可能的回答,问题和回答的设计皆出自孩子的思考,既天真可爱,又真实可信。作者用真正哲学的方式来启迪哲学的思考,对于每个答案不下对错的论断,而是从不同角度提出质疑,最后点出思考这个问题的价值所在。

作者用一个章节为我们探讨了"金钱会让人幸福吗?"这个敏感的哲学话题。

问:金钱会让人幸福吗?

(1)会!因为有钱,饿了就能吃饱,身体就会健康。

对,可是……难道你幸福的标准和其他动物一样,别无他求吗?

吃饱喝足就是幸福吗?

有钱人就一定比穷人健康吗?

身体有病,难道就没有幸福的时刻吗?

(2)会!因为,金钱给我带来了自由的感觉,我可以想干什么就干什么。

对,可是……有时候,拥有金钱反而会让人不自由,对吗?

假如你什么都不干就已经觉得很幸福呢?

金钱能给人们带来爱情、智慧、长生不老的秘诀吗?

如果你什么都不想要,会更自由吗?

(3)会!因为有钱能让我穿漂亮衣服,受人尊重。

对,可是……如果他们只是因为你有钱而尊重你呢?

乞丐和明星谁更受人尊重呢?

什么都不穿或者穿破衣服,人就一定不幸吗?

想要受人尊重,先要尊重自己,对吗?

(4)不会!因为我会担忧把钱弄丢,或者钱被人偷走。

对,可是……穷人担忧的事情会比有钱人少吗?

金钱与安心生活相比,谁更重要呢?

应该学会与别人分享自己的金钱吗?

钱丢了,很重要吗?

(5)不会！假如每个人都想比别人有更多钱,一定会因为钱而争吵。

对,可是……将钱施舍给需要的人,有时比自己拥有更高兴,对吗?

知足者,长乐吗?

过自己的生活,不嫉妒有钱人,是不是这样会很快乐?

没有钱,人们也能幸福吗?

常常听说:金钱能给人带来幸福。这是因为生活中的必需品和人们喜欢的物件可以用金钱获得。人们生存和拥有地位也离不开金钱。但是,金钱也不是万能的,人不能被金钱所主宰……而且金钱还有可能使人不幸。害怕失去,害怕被盗,想拥有更多,为钱而嫉妒别人,为钱而争吵……这些都说明,钱也能毁掉幸福。不要忘记,金钱是带来幸福的一种方式,不是目的。金钱能帮助人们更容易得到幸福,而不是买来幸福。

三、真正的哲学没有终极答案

孩子已经开始具备思考生命的能力,会在生活中发现哲理。当我们抱着尊重孩子的态度,把有利于孩子成长的知识传授给他们时,他们会感到更安心。孩子在遇难题时,也会自问自答,试着去解决问题。

凡是真正的哲学问题都没有终极答案,更没有标准答案。对于孩子哲学性质的提问,我们只需要做好两件事:第一是留意倾听他们的问题,第二是平等地与他们进行讨论。相反的态度是麻木不仁,充耳不闻,或者用一个简单的回答把孩子的提问打发掉,许多孩子的哲学悟性就这样在萌芽阶段被扼杀了。

我们作为家长,日常在乘车中,餐桌旁,睡觉前……能够与孩子聊什么,怎么聊,直接影响着孩子良好习惯的养成,价值观的形成,最终决定了孩子长大以后将要成为怎样的人。

最后,有请我亲爱的小伙伴,也是我最爱的女儿宁澜,为大家朗诵一篇充满哲理的小品文《我的路》。

我的路

我的路不在妈妈的怀里,我的路不在爸爸的掌心上。

我的路在妈妈关切的眼神中延伸,我的路在爸爸真诚的祝福中铺展。

白天我喜欢洒满阳光的道路,夜晚我喜欢探索神秘宁静的小道。

亲爱的爸爸妈妈,我会特别注意安全。要是你们也肯在我的路上走走,你们一定会听见我的路在欢笑呢。像盛夏里的果汁一样甜蜜,像冬天里的雪花一样美丽,比春天里的小树还要朝气蓬勃,比秋天里的麦苗还要金光灿烂。

听着它,向前走,路就是再陡峭,也不会觉得害怕。

我喜欢走自己的路。

谢谢大家!

(丰泽区第二实验小学　宁　澜)

附录五　共读：儿童哲学图书《一定要告诉儿子的那些事》

收到分享任务，我第一反应很惭愧，因为我知道自己做得远远不够。我们每一位家长都有各自教育孩子的一套方法。我们班其实优秀的家长、优秀的孩子很多。但是我作为家长也应该担负起我的一份责任，也应做出我的一份努力。下面我就"如何开展亲子共读"与各位家长分享我的心得体会：

一、亲子共读的好处

共同经历着书籍带来的喜怒哀乐，同样的心情让我们和孩子贴得更近，可以感受到孩子心理和思想的变化，以更好地为孩子创造学习环境、家庭环境。

二、亲子共读的方法

首先要激发孩子的阅读兴趣。兴趣是最好的老师。那如何激发孩子的阅读兴趣，我觉得家长要找到孩子读书的兴趣点，买孩子感兴趣的书。不要凭我们大人的主观意愿，觉得名著就是好的，认为只有作文书才是有用的。你强迫孩子读不愿读的书，不但收不到好的读书效果，还会抹杀孩子读书的积极性。

很多家长不知道让孩子看什么书，我的看法是"博览群书"，各类书籍都应该让孩子读读，孩子能从中了解到更多的知识。

我们把晚上八点半至九点作为亲子阅读的固定时间，在这个时段里，孩子已完成当日的作业，也预习完功课，家长做完了家里的杂务。这时可关闭电视和电脑，全家一起漫步在书中，享受读书的快乐。

我们采取了"依偎"的亲子方式，在舒适的床上或沙发上，让孩子依偎着家长，家长用手揽着孩子，不时摸摸孩子的头，拍拍孩子的小脸蛋，营造具有浓郁亲情的读书氛围。我在为孩子读书时，会避免使用平和的语调，尽量富有表情地朗读，放慢阅读节奏。

三、亲子共读的感受

读书就是和智者对话，读书是心灵的旅行。我们在亲子阅读中从被动读书慢慢转变为主动读书，亲子阅读正在成为我们一家人良好的习惯。以后我们会不断改进方式方法，进一步激发孩子们读书、求索和创造的热情，使孩子们与书为友，与书为伴，在读书中健康快乐地成长。亲子阅读的力量是无穷的,它带给我们的是满满的收获、满满的幸福和快乐,通过"亲子共读",孩子的阅读兴趣变得浓郁了,阅读水平和语言表达能力也在逐步提高,我与孩子也有了更深的沟通和交流,对孩子的心理成长和情绪发展也有了更多的了解。

四、分享好书《一定要告诉儿子的那些事》(北京联合出版公司出版)

下面一起来看看今天要跟大家一起分享的好书《一定要告诉儿子的那些事》:

1. 推荐理由

(1)每个孩子都是独一无二的,所以教无定法,但总体而言还是有规律可循。本书中,没有长篇大论讲孩子的学习经验,而是结合生活中的一点一滴,给我们娓娓道来孩子成长中的种种,通过一个又一个例子讲解了家庭教育的重要性。

(2)在这本书里,你看不到一般教条式的指导,而是处处以慈爱父亲的口吻,坚定细腻的语句,传达父亲们宝贵的人生经验!加上一百多幅活泼生动的插图,让宝贝儿子爱不释手。"哲学给予人的是开阔的眼光、自由的头脑和智慧的生活态度,而这些品质必将造福人生!"

2. 家长的阅读感受

读过这本书,犹如经历了一次孩子成长的过程,我们每个家长应该都能在这本书中找到对于自己似曾相识的或者是用过的一些家庭教育的方法,其中很多并没有多么复杂的理论,只是因我们的浮躁没能坚持下去,很多时候浅尝辄止,或者由于自己的懒惰没有身体力行,没能给孩子做个好的榜样。就说一个最简单的例子,对手机的使用,有时候家长自己都控制不住想要玩几局游戏,或躺在床上看上两集电视剧,更不要说去要求孩子了……我想,家教说的好像是教育孩子,而作为年轻家长的我们,也不要忘了言传身教。

对于孩子的学习,有时为了赶时间(确切地说是大人在赶时间),我会一直陪在孩子身边督促他完成,有时候工作忙,回家晚了,孩子就会等我回家才好好做作业,奶奶陪同都不行,这就是把"爸爸妈妈拉下水",而这是我迫切需要改进的问题。一定要让孩子养成独立做作业的习惯,摆脱对家长的依赖。

3. 宝贝的阅读感受

看了这本书,最大的收获是每当遇到事情,我学会告诉自己"我办得到!"我努力专心做好每一件事,从小事开始,将自己负责的任务尽全力做好,例如:写作业、整理房间、遵守与朋友之间的约定等等。如果能做好这些事,随时都会有做大事的机会来敲门。其次,懂得学习朋友的优点,即使再优秀的人,也无法具备所有优点;即使是看起来平凡的人,也有值得学习的地方。我不会为了使自己看起来更优秀,而取笑朋友。同学之间应该互相学习、取长补短,维持自己长处,同时也吸取同学的优点。

4. 最喜欢的一段

每当我遇到开心或不开心的事,考试考不好的时候,总会想起书上父亲写给儿子的那封信,这封信鞭策着我,鼓励着我,让我学会面对所有的问题。信是这样写的:孩子就是天生的哲学家,让每一位成人都以开放的态度来面对孩子的问题,同时引导孩子,和孩子进行思考性的对话。关切孩子成长过程中的各种烦恼与困惑,给予他们梦想与勇气,教会他们像男子汉一般挺起胸膛,独立安排自己的学习和生活。

（丰泽区第二实验小学　黄铭楷和妈妈）

参考文献

[1] 杜威.我们如何思维[M].伍中友,译.北京:新华出版社,2010.

[2] M.李普曼.聪聪的发现[M].廖伯琴,译.太原:山西教育出版社,1997.

[3] 加雷斯·B.马修斯.与儿童对话[M].陈鸿铭,译.上海:生活·读书·新知三联书店,2016.

[4] 加雷斯·B.马修斯.童年哲学[M].刘晓东,译.上海:生活·读书·新知三联书店,2016.

[5] 加雷斯·B.马修斯.哲学与幼童[M].陈国容,蒋永宜,译.上海:生活·读书·新知三联书店,2016.

[6] 陈红.聪明学习 学习聪明[M].上海:复旦大学出版社,2013.

[7] 林崇德.21世纪学生发展核心素养研究[M].北京:北京师范大学出版社,2016.

[8] 李军.儿童哲学课程的教学模式研究[D].重庆:西南师范大学,2000.

[9] 张建鲲,庞学光.论儿童哲学教育课程在中国的普及[J].全球教育展望,2009(1):18-21.

[10] 沈捷.从项目式学习谈学科融合理念[J].小学生:多元智能大王,2019(3):84.

[11] 于培温.运用开放式课堂教学,培养学生的创新意识[J].科教文汇:上旬刊,2008(5):35.

[12] 张万杰,彭坤.学生社团在校园文化建设中的作用及其对策[J].教育与职业,2014(30):49-50.

[13] 刘晓东.儿童学学科建设笔谈——儿童哲学:外延和内涵[J].浙江师范大学学报:社会科学版,2008(3):48-51.

[14] 钱雨.儿童哲学的意义:马修斯与李普曼的"对话"[J].全球教育展望,2009(8):19-24.

后　记

　　关于儿童哲学,很多人会有疑问,小学生怎么学哲学? 连老师都不怎么懂哲学,怎么教孩子? 学了儿童哲学就能提高成绩吗? 开展这项课题研究意义何在? 有多大作用? ……带着这么多的疑问,我们开始儿童哲学的项目主题研究,学校和儿童哲学结缘,是机缘,是巧合,更是运气。在这里要非常感谢张荣伟教授,他不仅是我们和儿童哲学的红娘,更是我们的启蒙导师、引路人。2014 年 12 月 11 日,福建师范大学张荣伟教授带着他的研究生团队到学校调研。当时,张教授带着他的三个课题,生命教育、电影课题、儿童哲学和学校团队探讨研究,我们反复协商,还是选择了难度最大,但是意义非凡、具有挑战性的儿童哲学课题。对于儿童哲学,我们并没有多少人有相关认知。学校王妤娜老师第一个主动说她对这个课题很感兴趣,愿意加入研究,其他行政老师也都纷纷表示对这个课题充满期待。张荣伟教授鼓励我们说,你们的团队非常强,而且很好学,福建省目前还没有小学在做儿童哲学研究实践,你们会是第一个,而且一定会做得出彩。就这样,在张教授的支持、鼓励和指引下,我们带着问题,于 2015 年 5 月申请了省级课题"多学科视野下的儿童哲学研究",开启了儿童哲学研究之旅。在这 8 年研究实践中,我们有喜有忧,有笑有泪,有花有果,有香有色,领略到了在充满思辨、人文、和美的课堂生态中,教学生天地人事,育儿童哲学人生的乐趣。

　　"生本、求真、灵动、智慧"是我们儿童哲学课堂的追求,然而,如何才能真正让追求落地? 我们开启了儿童哲学课例研究,在缺少参照的情况下,我们采取所有老师写讲义的模式出课例,集体听课、磨课、研课。没想到在儿童哲学理念的构建下,首期的儿童哲学研讨开放课如此精彩。王妤娜、王唯捷、庄培芳等老师的第一次儿童哲学课例展示,得到张荣伟教授、福建省教科所郭少榕主任、《福建基础教育研究》周志平编辑的高度认可,光明网等各大主流媒体也对这一教学特色展开报道,这给了我们极大的鼓舞和继续前行的动力。我们边实验边研讨边总结,上实验课、研讨课,开研讨会,进行反思、案例剖析,就这样一堂堂生动精彩的儿童哲学渗透课,一篇篇教学设计、案例分析、总结论文、研究报告如雨后春笋般破土而出,儿童哲学风一下子弥漫校园。2017 年 10 月,在福建省教科所的大力推荐下,我们申请的国家级课题"小学多学科渗透儿童哲学教育的行动研究"获得立项,这让我们的研究又上了一个新台阶,也因此吸引了很多专家和朋友的到来。在这里要感谢的人很多很多,首先要感谢各位专家一路的支持和帮助:福建省教科所吴明洪所长多次到学校就课题开展专题指导;郭少榕主任还把她的工作室设在了我们学校,作为我们的驻地导师;张荣伟教授定期到学校给我们做专题讲座和理论指导;《教育评论》主编钟建林、《福建基础教育研究》周志平编辑也多次入校进行评课和专题讲座指导;杭州师范大学思考拉儿童哲学研究中心主任高振宇博士也专程来校指导问诊。在这样强大的专家团队的悉心指导下,我们的课题研究从省级课题到国家级课题,再到省教改示范校项目。在 2020 年,"小学多学科渗透儿童哲学的教育实践"课题项目获福建省基础教育教学成果奖一等奖。各位专家也一直鼓励我们在实践的基础上要进行总结疏导,出版专著。作为校长,又是语文老师,我从语文学科渗透儿童哲学的实践感受、经验体会进行梳理和概括,先行先试,相信不久的将来会有第二本、第三本专著陆续出版。其次要感谢学校的所有老师、家长和孩子,全员积极参与,齐心协力,一路摸着石头过河,在艰难的前行中体验收获的幸福,其中非常感谢李冬梅书记、黄联治副校长两位语文特级教师的悉心指导,感谢王妤娜、骆恭进、林琳、张秋月、林亦芬、曾锦霞、吴云、王珊珊等多位老师为本书提供了精彩的教学设计和案例经验分享,还有林中煦、林可心、黄嘉航、宁澜、黄铭楷等同学和他们的家长提供的亲子阅读分享,最后还要感谢丰泽区教育局语委办主任蔡国清,是他把张荣伟教授请到丰泽二实小调研,才有了我们和儿童哲学的结缘,也是他一直在幕后支持、鼓励、帮助我们,他说当人们热议黑洞的时候,二实小的"大孩子"正在带领一群"小康德们",仰望星空,脚踏实地,倾力开辟新教育实验领地。这让我们备受鼓舞!

周国平曾说,如果你想让孩子现在做一架应试的机器,将来做一架就业的机器,当然就不必让他学哲学了。倘若不是如此,你更想使孩子成为一个优秀的人,哲学就是必修课。《义务教育语文课程标准(2022 年版)》也明确指出:"在发展语言能力的同时,发展思维能力,激发想象力和创造潜能。"本书中,语文教学中渗透儿童哲学教育的实践研究,就是针对学生的思辨特点,运用教育实践的方法,深入了解学生哲学思维的形成,使语文教学回归人文,回归母语教育的本质。我们将以"儿童哲学"的研究助力儿童思维的发展,培养儿童的高阶认知能力,包括质疑批判、理性思维、科学精神等,使儿童形成适应未来社会必须具备的人文积淀、人文情怀和审美情趣,有效提高儿童发展核心素养。

本书中涉及的我们在研究过程中总结的经验、模式以及案例分享,希望能对一线老师有所帮助,也希望有更多的人、更多的学校加入儿童哲学研究。再次感谢各位领导、专家、同人一如既往的关心与支持,感谢厦门大学出版社给予的支持和帮助,相信有大家的关爱,敢拼会赢的丰泽二实小人必将会在儿童哲学研究道路上走得更好更远!

赖艳梅

2022 年 7 月 13 日于泉州